나는 글을 쓸 때만 정의롭다

나는 글을 쓸 때만 정의롭다

조형근 지음

창비
Changbi Publishers

멀리 돌아온 길

출판을 위한 작업이 다 끝나고 서문을 쓰려 하니 문득 어떤 사람이 이 책을 읽으면 좋을까 생각하게 된다. 젊은 날 마음먹은 대로 인생이 흘러가지 않은 이들이 읽으면 좋겠다 싶다. 그러니까 나 같은 사람 말이다. 지금 막 매대에서 이 책을 집어서 살펴보고 있을 당신도 왠지 그런 사람일 것만 같다. 혹은 미래가 생각한 대로 펼쳐지지 않을 것 같아 두려운 젊은이가 읽어도 좋겠다. 세상이 참 뜻대로 안 된다. 삶도 그렇다. 그래도 어떻게 그럭저럭 살아가게는 된다. 이왕이면 그럭저럭보다는 좀더 좋은 삶을 살고 싶은데 세상을 탓해야 할지, 나를 탓해야 할지 곤혹스러워질 때가 있다. 둘을 저울질할 일이 아니다. 세상 속에 내가 있고, 내가 걸은 길들이 세상이 되어 있다. 세상을 통해 나를 보고, 나를 통해 세상을 보아야 한다. 이 책이 세상을 비판하는 시론이면서 나를 성찰하는 고백록이 된 이유다.

언젠가 '씌어지지 않은 책들을 위한 서문들'만으로 이뤄지는 책을 써볼까, 상상해본 적이 있다. 희한한 콘셉트지만 재미있을 것 같았다. 그때 상상한 서문 중에 이 글은 없다. 이런 책을 쓰게 되리라 생각한 적이 없기 때문이다. 그 시절 상상한 저자의 모습도 지금의 나와는 거리가 멀다. 좀더 멋있을 것 같았는데, 역시 맘대로 안 된다. 그 희한한 책을 상상하던 무렵의 나는 갓 박사학위를 받고 비정규직으로 생계를 이어가던 중이었다. 함께 공부하는 학회 동료들, 계간지 동인들도 있어서 별로 외롭지 않았다. 많지 않은 월급이지만 맞벌이에다 아이도 없어서 먹고살 걱정까지는 없었다. 후배들과 록밴드를 하면서 취미생활도 즐겼다. 그럭저럭 살 수 있을 것 같았다.

그럭저럭한 내 삶과 세상의 주파수가 어디선가 어긋나고 있다는 느낌이 처음 들었던 건 2012년 대선 무렵이었던 것 같다. 자기 살던 집으로 돌아가는 것이 유일한 출마 이유였을 것 같은 인물이 선거에서 승리한 다음 이윽고 집으로 돌아갔다. 그녀의 승리 자체보다는 그녀를 지지한 욕망을 직시해야 한다는 생각이 들었다. 위기감이 들었다. 그럭저럭 살다가는 지리멸렬해질 것만 같았다. 무언가 해야 할 것 같아서 시작한 것이 팟캐스트였다. 공부하는 팟캐스트라는 콘셉트로 몇년간 세상을 향해 말을 걸던 시절이다. 그리고 2014년, 세월호 사건이 터졌다. 세상도, 내 삶도 침몰하는 것 같아 더는 그럭저럭 살기가 불가능해졌다. 사회학 전공이면서도 취직 안 되는 일제시기를 전공한, 한알의 모래 같은 옛 사료 속에서 세계의 진실을 탐구하고 싶었던 나였지만 점점 더 세상에 대해 발언하고 싶어졌다. 그런데 생각지 못한 일이 벌어졌다. 말하고 쓸수록 사실은 그런 내가 더 문제라는 생각이 드는 것이었다. 글을 쓸 때면 정의를 찾게 된다. 그렇게 글을 쓸 때만 정의롭다. 내 삶이 글처럼 정의롭지 않다. 그 격차를 부끄럽게 고백하되, 그 사이 긴장과 모순을 잊지 않으려 애쓰는 수밖에 없다. 그런 발언과 고민들이 이 책의 밑거름이 됐다.

그리고 수백만의 사람들이 촛불을 들었다. 추운 날 광장을 메운 수백만의 촛불들 사이로, 아이들이 빛나는 촛불이 되어 날아오르는 것 같았다. 그렇게 세상이 바뀌는 것 같았다. 그러나 누군가에게는 가슴 벅차게 바뀐 세상이, 다른 이들에게는 여전히 고달프고 불평등한 저들만의 세상이었다. 이제 대한민국의 중산층은 저만치 성큼성큼 선진국의 세계에 진입해 있다. 지켜야 할 것도 예전보다 많아졌다. 그 자리 지키느라 열심히 경쟁도 하고, 자식들 능력 키워주느라 여념이 없기도 하다. 진보나 민주주의자를 자처하는 이들 대다수의 삶이 크게 다르지 않다.

그들이 떠나고 간 자리에 어떤 이들이 남아 있다. 같이 가자고 할 것 같던 이들이 홀연히 떠난 다음 손 내밀지 않으니 황망하다. 그 간극 사이에 내가 위태롭게 끼어 있다. 함께 손잡도록 연대의 악수 방법을 찾아야 하지만, 늘 아득하고 답답하다. 비판에 날이 서지 못하고, 머뭇거리게 된다. 너는 얼마나 다르냐는 질문에 스스로 떳떳하지 않다. 비판의 대상에 내가 포함되어 있으니 남 일처럼 나무랄 수 없다. 꾹꾹 눌러쓴 비판들이다. 권력에 저항해야 한다는 선언이기만 하다면 그저 통쾌할 텐데, 내가 권력일 수도 있다고 생각하니 불편한 통증이 몰려온다. 부디 나무라지 마시길.

그렇게 사는 동안 느닷없이 정규직 교수가 됐다가 심지어 사직까지 하게 됐다. 한번도 진지하게 정규직 자리를 꿈꾸고 노력해 본 적이 없었다. 대학의 인문사회과학 계열 정규직 자리는 갈수록 줄어들고 경쟁은 격하게 치열해진 그동안의 세상이다. 업적도 많아야 하고 몹시 부지런히 살아도 될까 말까 한 자리라 게으른 나는 처음부터 욕심내지 않았다. 세상은 역시 생각대로 흘러가지 않는 법이어서 쉰이 넘어 덜컥 자리를 얻었다. 정년을 보장받게 되면 예순 다섯까지의 삶이 평탄할 것 같아서 기뻤다. 배우자에게 미안하던 마음도 조금이나마 덜 수 있었다. 1년 조금 넘게 지낸 다음 사표를 냈다. 결국 내 길이 아니었던 것이다. 그 직분에 충실하면서 무언가를 병행하기가 생각보다 훨씬 힘들었다. 사직 후에 쓴 칼럼 「대학을 떠나며」에서도 밝혔지만, 나는 지금의 대학에 부적합한 인물이었다. 업적 생산 경쟁과 세상을 향한 발언을 병행하기가 불가능했다. 둘 다 잘해내는 사람들을 보면 기적 같기만 하다. 그렇게 사표를 쓰고 동네로 돌아왔다. 동네 사회학자가 된 이유다. 역시 상상해본 적 없는 미래다.

그렇게 사는 동안 고민하고 쓴 글들을 묶었다. 1부는 오랫동안 대학에 몸담았던 지식인으로서 대학과 지식인의 역할을 묻는 것으로 시작한다. 오늘의 청년세대와 지난날의 청년세대에 대한 고민, 그들 사이 불화에 대한 생각도 담아보았다. 기득권이 된 86세대의 일원으로서 우리가 지나온 시대를 회고하며 지금 져야 할 책임을 묻기도 했다. 2부에는 민주주의를 갱신하기 위한 고민들을 담았다. 세월호 사건의 사회적 의미, 합리적 보수를 바라는 미망에 대한 경계, 주거 빈민의 삶에 대한 고민, 촛불행동의 희망과 공정한 경쟁을 향한 욕망에 깃든 중산층 민주주의에 대한 자기반성 등을 담았다. 어쩌자는 말인가? 3부에서 답을 찾아본다. 다시 유토피아의 희망을 생각하고, 행복경제학이라는 대안과 한계도 따져보았다. 왜 '사회적인 것'에 대한 상상력이 문제인지, 이 모든 고민의 대상이자 주체인 민중과 소수자는 어떻게 만나야 할지도 고민했다. 어느 것이나 모두 부족하다. 시작해보자는 제

안으로 받아들여지길 바랄 따름이다.

　새로 쓴 글들도 있지만 대부분 이런저런 잡지에 쓴 글들을 모으고 고쳤다. 조금 고친 것도 있지만, 어떤 글들은 새로 쓰다시피 했다. 굳이 출처를 밝히지 않은 이유다. 하나의 책으로 다가갈 수 있으면 좋겠다. 칼럼에 가까운 글도 있고, 논문에 가까운 글도 있어서 본디 울퉁불퉁했던 재료들이다. 고르게 다듬다보니 어떤 글도 간단하지 않고, 어떤 글도 깊지 않다. 대신 모두가 서문처럼 됐다. 서문으로만 된 책을 쓰고 싶었던 지난날의 상상이 이렇게 실현된 것 같다. 챕터 하나하나가 서문이라면, 그 뒤의 본문들은 결국 내가 살아야 할 삶을 통해서 채울 수밖에 없다. 이렇게 글이 먼저 가서 내가 따라오기를 기다리고 있다. 이 길로 가야 한다.

　흩어진 채 잊혀지던 글들이 한권의 책으로 다시 생명을 얻게 된 데는 오랫동안 창비를 이끈 백영서 선생님의 권고가 결정적이었다. 용기를 내게 해주셔서 고맙다. 창비 편집부의 박주용 씨께도 감사 인사를 전한다. 전문을 꼼꼼히 읽고 틀린 내용, 부실한 부분들을 일일이 찾아주었다. 덕분에 세상에 덜 부끄러운 책이 되었다. 함께 공부하고 토론해온 여러 동료, 벗들의 얼굴이 떠오른다. 어디까지가 그들의 생각이고 어디부터가 내 생각인지 구분하기 어렵다. 우리 생각과 삶이 이렇게 섞이고 연대하고 있다. 책만 혼자의 것일 수 없다. 공동의 고민이 한명의 이름으로 나가는 것일 뿐이다.

이 책의 한 장에서 나는 1988년 서울 사당동 철거촌에서의 기억을 떠올리고 있다. 메트로폴리스 서울의 발전 서사는 빈민 추방의 연대기이기도 한데, 그 서사적 연대기에 젊은 나도 잠시 끼어들었던 것이다. 그때 나와 철거민 금선 할머니 가족 사이는 그리 멀지 않았다. 백골단과 철거용역이 진압하러 왔을 때 나는 걸음아 날 살려라, 하고 도망쳤다. 그리고 다시는 돌아가지 않았다. 할머니 가족은 떠날 수 없었다. 그렇게 나와 할머니 가족의 거리가 한없이 멀어졌다. 떠나지 않고 끝까지 함께한 소수가 있다. 존경스럽다. 지금은 비겁하게 떠나지만 언젠가 내가 힘을 얻으면 불평등한 세상을 바꾸겠다며 다짐한 이들이 있다. 나도 결국 그 부류에 속한다. 그들이 세상을 조금 좋게 만들었을 수도 있겠다. 불평등한 세상의 윗자리를 차지한 채로. 냉소하려는 게 아니다. 그 모순과 긴장을 감당하고, 할 일을 찾는 것이 책임지는 길이다. 이 책은 그날 도망간 한 젊은이가 이리저리 세상을 떠돌다가, 자기 딴의 방식으로 찾아온, 돌아온 길이다.

2022년 8월

조형근

차례

1부
대학과 지식인, 그리고 청년

신화시대의 대학에 바치는 뒤늦은 진혼곡

대학, 고뇌하는 지식인의 고향

안은 눈을 맞고 있는 어느 앙상한 가로수 밑에서 멈췄다. 나도 그를 따라서 멈췄다. 그가 이상하다는 얼굴로 나에게 물었다.

"김형, 우리는 분명히 스물다섯살짜리죠?"

"난 분명히 그렇습니다."

"나두 그건 분명합니다." 그는 고개를 한번 갸웃했다.

"두려워집니다."

"뭐가요?" 내가 물었다.

"그 뭔가가, 그러니까…" 그가 한숨 같은 음성으로 말했다. "우리가 너무 늙어버린 것 같지 않습니까?"

김승옥의 단편 「서울 1964년 겨울」의 결말 부분이다. 대학원생 '안'과 구청 직원인 '나'는 지난밤 우연히 만나 술잔을 나누며 의미 없는 대화를 나눈 사이다. 나중에 합류한 우울한 '사내'는 밤 사이 여관방에서 자살했다. 사태가 시끄러워지기 전에 빠져나가던 둘이 나누는 대화다. 1960년대 지식인의 허무주의, 개인화되고 소외된 삶을 문제화한 대표작으로 꼽힌다.

여기까지가 이 유명한 소설에 대한 표준적인 설명이리라. 나는 그보다는 이 허무주의에까지 깃들어 있는 지식인의 중압감에 주목하고 싶다. 대학원생 안은 겨우 "스물다섯살짜리"인 주제에 이 중압감에 "너무 늙어버"렸다. 안의 개인사나 심성은 알 길이 없다. 안은 그 시대 대학원생, 나아가 지식인의 표상이다.

1964년의 대학원생 안이 그렇게 특이한 존재는 아니다. 그는 20세기 한반도에서 장기 지속한 지식인의 어떤 존재양식, 즉 '고뇌하는 지식인'의 전형적인 면모를 보여준다. 그 군상들은 어떤 모습일까? 잠시 일별해보자. 서울 전문학교에 유학을 가서 철학을 공부하던 최영진은 3·1운동으로 체포되어 고문당하고 미친 것으로 여겨진다(나운규 『아리랑』). 김희준은 도쿄의 대학에서 고학하다 고향으로 돌아와 소작농이 되고 농민운동에 뛰어든다. 이윽고 노동운동과 연대하며 성장해간다(이기영 『고향』). 남에도 북에도 완전히 속하지 못하는 철학과 대학생 출신 전쟁포로 이명준은 결국 제3국행을 선택한다(최인훈 『광장』). 1990년대의 소시민 '나'는 어느 날 우연히 맞닥뜨린 허름한 옛 여관 앞에서 시대와 불화하던 1980년대의 대학생 '나'를 회고한다(김소진 「경복여관에서 꿈꾸기」). 실천하든 회피하든 심지어 미치든, 그들은 천형처럼 시대를 고뇌했다.

교수라고 달랐을 리는 없다. 1938년 연희전문학교 상과 교수 백남운, 이순탁, 노동규는 학생들과 함께 만든 '연희전문 경제연구회' 사건으로 구속되어 실형을 살았다. 형기를 마치고도 복직하지 못했다. 1967년 서울대 문리대에서는 '민족주의 비교연구회 사건'으로 지도교수 황성모(사회학과 교수)가 학생들과 함께 구속되어 처벌받았다. 유신 반대 시위에 나선 학생들을 옹호하던 서울대 법대 교수 최종길은 1973년 중앙정보부에 출두하여 조사를 받던 중 의문사했다. 1980년 정권을 잡은 신군부는 비판적인 교수 수백명을 대학에서 해직했다. 이들은 재야 지식인이 되어 학생들과 함께 공부터를 마련했고, 체제에 대한 체계적 비판에 나섰다.

고뇌하는 지식인이 난데없이 나타난 것은 아니다. 이런 존재양식을 떠받친 것은 대학, 정확히는 근대의 대학이라는 제도적 기반이었다. 근대의 대학은 권력과 지위, 돈 같은 실용적 목적을 추구하는 곳이기 이전에 진리 탐구의 전당이 되어야 한다는 당위 위에 설립되고 유지됐다. 근대를 대표하는 대학들이 내세우는 표어들만 봐도 진리의 위상은 압도적이다. '진리'(하버드대학), '빛과 진리'(예일대학) 같은 표어들, 거기서 영향을 받은 '진리는 나의 빛'(서울대), '진리가 너희를 자유롭게 하리라'(연세대), '자유, 정의, 진리'(고려대) 같은 표어들이 모두 그렇다. 중세에 세워진 더 오래된 대학들이 대개 종교적인 표어를 갖고 있는 것과 대조된다.

진리를 탐구하는 '상아탑' 모델로서의 대학 제도 위에서 고뇌하는 지식인이 태어나고 번성했다. 그런데 여기서 한가지 질문이 떠오른다. 왜 진리를 탐구하면 고뇌하게 될까? 진리 탐구가 즐거운 일일 수도 있지 않은가? 이 질문에 답하기 위해서는 근대 대학이 제도화되던 19세기라는 시대의 특성을 감안해야 한다. 종교적 진리의 절대성이 의심스러워지고, 변덕스런 인간의 욕망이 세상을 움직이는 힘으로 부상하던 시절이었다. 불변하는 진리의 위상은 가없는 것, 위태로운 것이 되었다. 카를 맑스Karl Marx는 「공산당 선언」에서 셰익스피어의 희곡 『템페스트』의 한 구절을 인용하면서 이 시대의 정신을 이렇게 묘사한 바 있다. "견고한 모든 것은 대기 속에 녹아내리고, 신성한 모든 것은 모욕당한다."

견고하고 신성한 모든 것이 덧없이 사라지는 세상에 진리를 붙

들고 탐구한다는 건 어떤 일인가? 자신이 찾은 진리 또한 언제든 덧없어질 수 있다는 위험을 스스로 감수한다는 것이다. 신이나 다른 권위에 의존하지 않은 채 스스로 감히 인식하려 드는 것, 인식의 주체를 자임하되 그 한계까지 인정하는 것, 그로써 진리 인식이 수반하는 책임과 고통까지 스스로 감수하는 일이 진리 탐구의 본질이 되었다. 「계몽이란 무엇인가'에 대한 답변」이라는 소논문에서 칸트가 계몽이란 '정신적 미성숙 상태를 벗어나 이성을 공적으로 사용하는 것'이라는 취지로 말했을 때 함축하는 바가 대략 이런 것이었다. "감히 알려 하라!" ^{Sapere aude!}

거짓이 횡행하고 모든 것이 덧없어지는 속된 세상에서 위험을 무릅쓰며 진리를 탐구하는 것, 혹은 진리를 위해 싸우지 못해서 괴로워하는 것, '고뇌하는 지식인'을 둘러싼 낭만적 서사다. 그런 대학의 신화시대는 사라진 지 오래다. 왜 사라졌을까? 되살리는 게 가능할까? 우선은 그 대학이 사라지던 무렵의 이야기를 잠시 돌이켜보자. 뜨겁게 진리를 탐구했던 마지막 시절의 이야기는 그다지 낭만적이지 않다.

상아탑이 사라지던 시절

지난 세기말 즈음, 그러니까 1997년에서 1999년 사이에 나는 박사과정 대학원생이면서 대학 연구소의 조교 노릇을 하고 있었다. 몇건 정도의 연구 프로젝트를 관리하는 게 조교의 주 업무였다. 제일 중요한 일은 역시 돈 관리였다. 연구비는 연구 책임자 교수의 개인 명의 통장으로 받는다. 참여 교수들의 연구비는 현찰로 찾아서 직접 나눠준다. 수령증에 사인을 받는다. 그렇게 지급하는 실제 연구비는 연구계획서상의 액수, 즉 수령증에 적힌 액수보다 꽤 많다. 차액은 안면 있는 서점, 문구점, 식당 등에서 얻은 간이 영수증 몇장에 적당한 항목으로 몇십만원, 몇백만원 따위 금액을 적어서 집행 근거를 맞춰두면 된다. 이렇게 내 사수는 업무 인계를 해주었다. "무척 쉽다"고 덧붙였다.

김영삼 정권 시절이던 1995년, 세계화를 명분으로 시작된 이른바 '5·31교육개혁'과 그 일환이던 대학개혁은 김대중 정권에 들어와 방향을 수정하기는커녕 더욱 본격화하고 있었다. 허술하기 짝이 없던 연구 프로젝트 관리가 대학 연구비 중앙관리 제도라는 이름 아래 대대적인 수술대에 올랐다. 모든 연구비는 대학에 설치된 산학협력단으로 입금되고 정식 회계 절차를 밟아서 엄정하게 관리받게 되었다. 반대할 명분이 없었다. 아니, 내심 얼마나 바라던 일이던가?

다만 개혁의 한가운데 놓인 한심한 내 처지가 문제였다. 지출 영수증 하나 없이 인계받은 연구과제들이 보고서를 제출할 때가 되자 정식 세금계산서를 첨부하도록 제도가 바뀌어 있었다.

연구과제마다 기천만원씩의 세금계산서를 구할 도리가 없었다. "어찌할까요?" 내 물음 앞에서 연구 책임자들은 곤혹스러워했다. 물론 책임질 대답도 하지 않았다. 사실 책임질 방법도 마땅치 않았을 것이다. 날마다 사직을 꿈꿨다. 시절은 IMF 위기였고, 신혼의 아내는 수입이 없었다. 부끄럽게도 밥이 하늘이었다. 같은 신세의 연구소 조교들이 함께 신세 한탄을 하던 무렵, 5만원 이하의 지출은 간이 영수증으로 처리할 수 있다는 경과조치가 내려왔다. 수백장의 간이 영수증을 구하고 갖가지 명목으로 5만원 이하 영수증을 만들어서 차액을 메꿨다. 그렇게 보고서들을 냈다. 그때 느꼈던 자괴감을 떠올리면 지금도 얼굴이 화끈거린다.

그 시절 나는 대학개혁의 '비판적 지지자'였다. 개혁의 방향이 근본적으로 대학을 시장화, 기업화하는 데 있다고 본 탓에 매우 비판적이었다. 그래도 지지했던 건 그토록 허술하고 엉망인 대학을 그냥 두자고 할 수는 없어서였다. IMF 위기는 우리사회에 총체적인 개혁 담론을 불러일으켰다. 개혁을 이끄는 기관차는 놀랍게도 '시장'이었다. 시장의 힘으로 재벌경제의 모순을 합리화하자는 논리가 득세하고 있었다. 시장의 힘을 빌려 대학을 합리화하자는 똑같은 논리가 세를 얻었다. 시장을 비판하던 나도 은연중에 동조했다. 대학이라는 나태한 제도가 돌아가게 하려면 시장이라는 '악마의 맷돌'이라도 굴려야 할 것 같았다. 자유로운 진리 탐구를 명분으로 한국의 대학은 수십년간 방종을 누렸다. 연구비는 줄줄 샜고, 게으른 교수들은 휴강이 명강이라며 가욋일에 바빴다. 가욋일조차도 아니고 그냥 술 마시고 결강하기도 했다. 외국 책을 적당히 베껴서 교과서를 내는 교수들이 세상을 훈계하는 칼럼을 썼다. 그리고 더러 출세를 했다. 교수 출신으로 1990년대에 세개의 정권을 바꿔가며 최고위 정무직을 섭렵한 어느 유명 학자는 평생 논문 한편이 없기로 유명했다. 그래도 되는 시절이었다.

한반도의 대학들은 식민지 시기에도, 해방 후의 독재정권 아래서도 학문의 자유를 탄압받았다. 충분한 연구 지원은 언감생심이었다. 대신 불온하지만 않다면 지적으로 게을러도 되는 자유를 허락받았다. 아직 젊던 나는 그 게으른 자유가 역겹게 느껴졌다. 납세자의 눈에도, 정권의 눈에도 마찬가지였다. 1990년대 중후반을 거치며 정권의 좌우를 막론하고 경쟁력 강화를 앞세운 '신자유주의' 대학개혁을 추진했던 이유다. 지원이 늘었고, 간섭은 더 늘었다. 경쟁력 담론에 손뼉 치지 않았지만, 적의 칼을 통해서라도 최소한의 염치는 차리는 대학이 되었으면 했다. 내가 개혁에 적극 저항하지 않았던 이유다.

대학, 중세에서 장기 19세기를 거쳐 현재로

상아탑 대학 모델에서 진리 탐구를 위한 대학과 그 구성원의 자유는 절대적이면서 동시에 문제적이다. 대학의 자유는 체제의 효율적 작동을 좀먹는 나태나 방종으로 흐를 수도, 혹은 체제를 뒤흔드는 반역의 불씨가 될 수도 있었다. 대학과 권력 사이에 협력만큼이나 긴장의 사위가 늘 팽팽했던 이유다. 이 양면성은 한반도에서 그 후진성이 도드라졌으되 예외적 현상은 아니다. 그것은 대학university이라는 이름이 주는 함축만큼이나 어느 정도는 보편적 현상이다. 이 글로벌한 통시적 맥락을 빼고서 섣불리 대학의 과거와 미래를 논하기 어렵다.

대학 제도의 기원은 대개 12~13세기 유럽에서 찾는다. 볼로냐 대학과 파리대학이 앞서거니 뒤서거니 하면서 대학이라는 제도가 설립되었고, 미구에 유럽 전역으로 확산되었다. 애초에 학생의 조합universitas과 교사의 조합collegium에서 출발한 대학은 황제와 교황, 영주와 자치도시 등 신성하고 속된 권력들 사이의 다툼을 적절히 활용하면서 자치와 자율성을 획득해나갔다. 대학은 수도원에 유폐되어 있던 고대의 지식을 부활시키고 중세의 정신에 활기를 불어넣었다.

대학은 어떤 점에서 고대와 중세의 고등교육기관과 달랐을까? 플라톤의 아카데미에 모여든 제자나, 에피쿠로스의 정원에서 함께 거닐던 제자들은 단지 학생이 아니라 일종의 사상적·정신적 공동체를 형성했다. 그들의 삶은 공부와 분리되지 않았다. 결속력이 강한 만큼 자유는 낯설었다. 중세의 수도원은 말해 무엇 하랴. 반면 대학의 고향은 중세 말의 도시였다. 봉건적 속박에 따라 이동이 자유롭지 않던 시절, 대학은 유럽을 가로지르는 도시 네트워크들을 기반으로 탄생했다. 대학은 도시 네트워크를 따라 유랑하며 지식을 교환하던 무리들에서 기원했다. 일본의 미디어 학자 요시미 순야吉見俊哉는 『대학이란 무엇인가』(서재길 옮김, 글항아리 2014)에서 이 이동성과 일체화된 '도시의 자유'야말로 훗날 이념화될 '대학의 자유'의 현실적인 기반이었다고 지적한다.

물론 이 중세의 대학은 20세기 한반도 대학의 직접 선조가 아니다. 중세 대학은 중세 말, 근대 초의 격변을 선도하지 못했다. 대학이 아무리 도시의 자유 속에서 태어났다 한들 종교의 힘으로부터 자유로울 수는 없던 시대였다. 대학의 중심은 신학이었다. 학위를 수여하는 철학, 법학, 의학의 내용도 신학의 원리에 봉사해야 했다. 대학 대신 탁월한 개인들이, 이런저런 아카데미와 학회들이 지식 생산의 중심이 되었다. 코페르니쿠스, 갈릴레이, 데카르트, 스피노자처럼 이 시대를 아로새긴 위대한 지성들 중 대학교수를 찾기 힘든 이유다.

그렇다면 진리 탐구의 전당으로서 대학이라는 모델의 시초는 언제, 어디서 찾아야 할까? 19세기 초 독일에서 시작된 대학개혁으로 시선을 돌려야 한다. 이때 등장한 대학 모델은 20세기 중후반까지 이어진 '장기 19세기'의 문화적 상징이 되었다. 나폴레옹 전쟁으로 점령의 굴욕을 겪은 독일에서는 민족주의의 열정이 타올랐고, 교육은 그 열정이 타오르는 분화구가 됐다. 프로이센의 언어학자 빌헬름 폰 훔볼트Wilhelm von Humboldt —— 지리학자로 유명한 알렉산더 폰 훔볼트Alexander von Humboldt의 형이기도 하다 —— 가 주도하여 1810년에 설립한 베를린대학이 독일 대학의 모범이 되었고, 이후 큰 영향을 미쳤다. 독일을 넘어 유럽과 미국으로 조금씩 변형되며 퍼져나갔다. 훔볼트 모델 대학은 아카데미의 독립성, 자연과학·사회과학·인문학의 통합성, 그리고 연구와 교육의 통합성을 추구한다는 점에서 중세까지의 대학과 근본적으로 달랐다.

연구와 교육의 통합성을 추구한다는 것은 대학이 지식 생산의 중심이자 전수의 중심이 되었음을 의미한다. 그렇다면 어떤 지식인가? 외부적 목적을 갖는 실용적 전문지식들이 단과대학들에 배치된다. 단과대학과 학과 들로 분산된 이 전문지식들은 어떻게 통합될까? 외부적 목적을 갖지 않는 지식들, 오직 진리 탐구 자체만을 목적으로 하는 지식들, 즉 철학을 필두로 한 일련의 인문학, '교양'이라는 이름의 지식들이 이 분산된 전문지식을 통합한다. 칸트의 지식체계론이 이론적 근거를 제공한다.

이것이 바로 지식의 전문화를 제도화하면서도 철학−인문학−교양을 통한 통합을 지향한 훔볼트형 근대 대학 모델이다. 대학이 진리 탐구의 전당을 자처할 수 있었던 근거이기도 하다. 이제 대학은 국민국가가 요구하는 다양한 전문지식을 생산함과 동시에 국민국가를 통합할 교양 있는 엘리트 시민을 길러낼 것으로 기대되었다. 물론 종종 갈등이 일어났다. 국가는 대학에 국민국가에 대한 실용적 봉사를 요구했지만, 대학의 엘리트들은 곧잘 보편적 진리 탐구의 의무를 앞세우곤 했다. 긴장은 19세기와 20세기 내내 지속되었다. 국가는 대학의 무용성을 비판했고, 대학인들은 진리 탐구의 자유를 외쳤다. 이 간극 사이에서 체제의 계관시인과 기술자들이, 체제를 부동浮動하며 자유롭게 떠도는 지식인(카를 만하임Karl Mannheim)들이, 체제를 뒤엎으려는 프롤레타리아의 '유기적 지식인'(안토니오 그람시Antonio Gramsci)들이 출현하고 서로 싸웠다. 물론 이 대학 모델 자체는 여전히 소수 엘리트를 위한 것이었다. 종종 긴장관계에 빠지면서도 권력이 이 대학 모델을 공인하고 장려한 이유다.

훔볼트형 대학 모델은 19세기 말 미국에서 전문지식에 특화된 대학원이 발명되면서 변형되기 시작했다. 존스홉킨스대학이 이 대열의 선두에 섰고, 머지않아 하버드가 왕관을 썼다. 여기서는

'연구형 교육'을 목적으로 하는 대학원이 대학의 중심이 되었다. 더불어 대학의 기업화라는 새로운 현상도 시작됐다. 훔볼트형 상아탑 대학의 소멸과 대학의 기업화 시점을 언제부터로 잡을 수 있을까? 논란이 있다. 『대학의 몰락』(동연 2011)을 쓴 시카고신학 대학원의 서보명에 따르면 미국에서 대학의 경쟁이라는 말이 본격화되고 대학이 기업에 의해 사유화된 기점은 1984년으로 특정할 수 있다. 그해부터 『U.S. 뉴스 앤드 월드 리포트』가 '전국 대학 순위 평가'를 시작했는데, 이는 베트남전 반대 등으로 좌파 지식인의 본산이 된 대학을 순치시키려는 시도이기도 했다는 것이다. 반면 기업자유주의와 미국 고등교육의 개조 과정을 다룬 클라이드 배로Clyde Barrow의 저작 『대학과 자본주의 국가』(박거용 옮김, 문학과학사 2011)에 따르면 미국의 대학, 적어도 동부 주요 사립대학들은 이미 1920년대 말에 '기업형 대학'으로 변모했다. 대학 이사회의 중심이 성직자에서 금융기업인으로 바뀌었고, 대학은 기업을 위해 계약 임무를 수행하며, 교육과정과 학위 프로그램을 기업의 요구에 맞춰 설계하게 되었다.

실상은 좀더 복잡할 수도 있다. 2차대전을 전후하여 본격화된 산학협력 모델의 확산도 중요한 계기일 것이다. 스탠퍼드대학 출신 윌리엄 휼렛William Hewlet과 데이비드 패커드David Packard가 설립한 기술기업 휼렛팩커드의 사례는 상징적이다. 이들은 대학과의 밀접한 협력관계 속에서 창업하고, 전쟁을 위한 각종 군수물품을 생산하면서 고속 성장했다. 휴렛팩커드와 스탠퍼드대학 사이의 관계는 실리콘밸리의 무수한 기업들, 나아가 기술기업과 연구중심 대학이 맺는 새로운 관계의 원형이 되었다. 연구중심 대학에서 교육과 연구, 교양과 전문지식은 통합을 지향하기보다는 이원화된다. 학부는 교양교육에, 대학원은 실용적·전문적 연구에 특화되었다. 대학은 고도자본주의가 요구하는 지식을 생산하여 자본축적에 직접 기여하도록 요구받았다. 1957년 스푸트니크 쇼크의 영향도 있다. 과학기술이 소련에 뒤진 원인이 교육에 있다는 진단에 따라 대대적인 교육개혁이 일어났다. 대학에서는 사회과학자들은 물론 인문학자들마저 '과학적인' 것처럼 보이는 연구를 수행해야 한다는 압력에 시달리게 됐다. 세계대전과 냉전이 상아탑 대학의 종말을 재촉했던 것이다.

죽은 대학과 산 대학 사이에서

훔볼트형 대학 모델의 쇠퇴와 대학의 기업화 시작 시기를 언제로 간주하든 대학이 죽었다는 진단 자체는 이미 너무 오래되어서 그다지 새롭지도 않다. 미국식 대학 모델이 특히 크게 영향을 미치고 있는 한국에서도 그렇다. 다만 그렇게 죽은 대학은 한편으로는 엘리트들의 상아탑 대학이기도 했다. 그런 대학을 굳이 되살리자고 할 수는 없다. 인문학을 살리고 교양교육을 강화하자는 주장 자체는 일리 있지만, 21세기에 19세기 훔볼트형 대학의 부활을 지향한다면 시대착오가 될 것이다.

사실 오늘날 대학은 한국과 세계에서 가장 번성하는 사회제도 중 하나다. 20세기 말을 거치며 대부분의 발전된 나라들에서 대학은 고등학생의 50% 전후 혹은 그 이상이 진학하는 '대중교육기관'으로 팽창하고 있다. 양적 팽창과 더불어 수직적으로도 위계화되고 있다. 한국과 같은 4년제 대학 사이의 서열화만이 아니라, 연구중심 대학, 교육중심 대학, 초급대학과 같은 위계가 구조화되고 있다.

특히 고등교육을 공동체가 함께 감당해야 할 공공재가 아니라 개인과 가족의 사유재로 간주하는 영미권과 한국 같은 곳에서 대학은 엄청난 등록금이 드는 고비용 제도가 되었다. 한국의 대학 등록금은 미국에 이어 세계에서 가장 비싼 축에 속한다. 대학의 기업화가 진전될수록 다양한 전후방 산업을 갖춘 거대 산업으로 전화하고 있다. 대학은 사회, 좀더 정확히는 자본의 축적에 유용한 지식을 생산하기 위한 총력전 기관 중 하나가 되었다. 일국과 세계 차원에서 이뤄지는 다양한 순위 매기기 전쟁에 대학들은 기꺼이 참전한다. 비판적 지성들은 일련의 개혁을 거치며 순화되었고, 충분히 제도화되었다. 더이상 계몽될 것이 없다고 믿는 대중은 자기 성찰성이 거세된 대학과 지식인을 곧잘 불신한다. 온 갖 음모론이 창궐하고 종종 지식인이 질타받는 까닭이다.

어떻게 해야 할까? 지난 세기말 내 앞에서 곤혹스러워하던 교수들처럼 나도 곤혹스럽다. 나는 어쨌든 교수 노릇을 그만두었다. 여전히 앞날은 막막하지만 당장은 지역에서 대중과 함께 공부하는 데서부터 다시 시작하고 있다. 나 같은 이들이 더러 있는 것 같다. 어떤 일들이 일어날지 지켜보자. 그렇다고 해서 대학을 권력과 사적 자본의 처분에 맡겨두기에는 그 인프라가 너무 거대하고 소중하다. 아직 그 안에서 고뇌하며 싸우는 최후의 사람들이 있다. 방관하기에는 그들의 힘이 너무 약하다. 대학에 공공성을 더하고, 대중과 접속하게 할 방도를 두고 우리가 함께 고민해야 할 이유다.

지식인의 죽음
때늦은 슬픔, 돌아갈 현장

조롱받는 지식인의 시대

1987년 2월 7일, 만취한 진구가 일권의 집에 실려온다. 취한 진구가 일권의 여동생 삼숙에게 자조하듯 뇌까린다. "삼숙아, 이 시대가 나를 슬프게 하는 거야… 오늘 종철이 추도 집회가 있었지." 그해 초 고문치사당한 박종철을 가리키는 말이다. "그 사람 알아요? 오빠 친구야?" "아니, 뭐, 친구는 아니지만." 그렇게 진구는 고뇌하는 지식인을 연기하며 삼숙의 환심을 사고 그녀를 덮친다. 실상 진구는 내기 당구에 진 다음 폭음하다 취했을 뿐이다. 매사가 이런 식의 삶이다. '찌질한' 위선자. 진구는 삼숙과 결혼하고 학위를 받고서도 10년간 시간강사를 전전한다. 결국 아버지 퇴직금으로 교수직을 산다. 표절 논문으로 연구 업적을 채운다. 모든 게 들통나서 학교에서 쫓겨날 위기에 처하자 양심선언으로 선수를 쳐서 오히려 영웅이 된다. 바람피우는 상대와 노래방에서 '상록수'를 부르며 학생운동을 회고한다. 위선적인 386세대 지식인의 전형이다.

2000년에서 2001년 사이에 큰 인기를 끌었던 「아줌마」라는 드라마 속 장진구라는 인물 이야기다. 탤런트 강석우가 연기한 이 지식인 캐릭터가 어찌나 화제가 됐던지 한동안 "장진구스럽다"는 말이 유행어가 됐다. 물론 욕이다. 드라마 속 그를 보면 때로 우습고 자주 화가 난다. 모든 풍자에는 과장이 있기 마련이다. 거기다 대고 386의 진정성에 대한 모욕이 어쩌고저쩌고 하면 정말 '찌질'해진다. 풍자와 해학을 걷어내고 나면 장진구 안에 내가 있다. 웃고 화내다 슬퍼지는 이유다.

지식인은 누구일까? 언제부터 조롱받는 캐릭터가 됐을까? 실은 지식인의 죽음이라는 말이 떠돈 지가 이미 오래다. 슬퍼하는 것도 뒤늦은 일이다. 지식인이 존중받는 시대가 다시 돌아올까? 알 수 없지만 쉽지 않을 것이다. 지식인이라는 존재는 역사상 특정한 국면에서 떠오르고 주목받은 집단이었다. 시대가 바뀌면 역할이 바뀔 수도, 사라질 수도 있다. 다만 스스로 지식인임을 자처하는 개인들로서는 그렇게 담담해지기 어려운 주제다. 이후의 존재 방식을 고민하려면 우스꽝스러워지기 전 지식인의 모습을 반추해보는 것도 좋겠다. 지식인의 신화시대랄까?

지식인이란 누구인가

한국의 경우 오랜 과거제 전통 속에서 지배계급 자체가 지식인으로 이루어져 있었지만, 서구의 역사는 꽤 달랐다. 서구에서 지식인은 오랫동안 낯선 존재였다. 지식인이라는 독자적인 집단은 존재하지 않았다. 모든 지식은 궁극적으로 신학으로 귀결되었고, 교회의 관장 아래 있었다. 대학이 생긴 후에도 모든 학문은 신학에 봉사해야 했다. 세속의 통치와 상업을 위해 필요한 법률이나 상업부기 같은 실용 지식을 담당하는 집단이 주로 상인계급에서 출현했지만, 지식인이라는 독자적인 범주로 인식되지는 않았다.

실무 지식을 지닌 전문가 집단을 넘어 의미 있는 사회적 행위자로서 지식인이 뚜렷이 인식된 최초의 사례를 찾자면 역시 18세기 프랑스 계몽철학자들을 꼽게 된다. 『지식인을 위한 변명』(박정태 옮김, 이학사 2007)에서 장폴 사르트르 Jean-Paul Sartre가 지적한 것처럼 몽테스키외 같은 법률가, 볼테르·디드로·루소 같은 문필가, 달랑베르 같은 수학자 들이 자신들의 전문화된 일 외에도 부르주아지의 행위와 요구를 이해하고 정당화시켜주는 합리적인 세계관을 창조하는 일을 수행하기 시작했다. 하지만 이들도 아직은 지식인이라고 불리지 않았다. 여전히 철학자라고 불렸을 뿐이다.

독자적인 어휘로서 지식인이 최초로 등장한 것은 19세기 초의 폴란드였다. 인텔리겐치아라는 말이 여기서 탄생했다. 19세기 중후반 러시아에서 등장한 인텔리겐치아는 특기할 만하다. 그중 결의 높은 이들이 농노제와 차르 전제를 비판하면서 '인민 속으로!'(브나로드!) 들어가고 있었다. 지식과 실천을 결합하는 비판적 지식인의 또 하나의 원형이라 하겠다.

귀족이나 부르주아 출신이면서 자기 계급에 맞서는 운명을 걷게 된 이들 인텔리겐치아의 삶에는 어떤 슬픔의 정조가 배어 있다. 러시아의 사실주의 화가 일리야 레핀Ilya Repin의 1880년대 작품 「아무도 그를 기다리지 않았다」에 그 느낌이 선연하다. 가족이 머무는 단란한 거실에 갑자기 문이 열리고 초췌한, 하지만 형형한 눈빛의 지식인풍 남성이 막 들어서는 중이다. 갑자기 시베리아 유형이 풀리면서 등장한 아들이자 남편이자 아버지인 이 인물을 바라보는 어머니, 부인, 아이들, 하녀들의 반응이 저마다 극적이다. 어느 누구도 지금 이 시점에 그가 오리라고 예상하지 못했다. 기쁨도 당혹도 아닌 묘한 긴장감이 흐른다. 저 찰나의 정지 이후 어떤 일이 벌어질지 우리는 모른다. 비판적 인텔리겐치아가 걷는 길이 그랬던 것처럼.

러시아의 인텔리겐치아에게 추방과 주변화라는 비극의 그림자가 드리워졌던 것과는 달리, 19세기 말 20세기 초의 프랑스에서 등장한 지식인에게는 가시밭길 뒤의 영광이 기다리고 있었다. 현대적 의미의 지식인은 이 시기 프랑스에서 등장했다. 유태인 장교 알프레드 드레퓌스Alfred Dreyfus가 독일에 기밀정보를 누설한 반역자로 낙인찍힌 사건이 일어났다. 군사재판은 그에게 최종 유죄를 선고했다. 반유태주의에 사로잡힌 군부는 따로 진범이 있다는 걸 알면서도 드레퓌스에게 반역자의 누명을 씌웠다. '진실'을 구하기 위해 일군의 사람들이 나섰다. 에밀 졸라Émile Zola를 비롯한 문필가, 언론인, 교수, 의사 등이 공개적으로 글을 쓰고 서명하고 행동에 나섰다. 지식인이라는 집단이 출현한 시기다. 프랑스 사회가 두쪽으로 갈라졌다. 에밀 졸라는 유죄 선고를 받고 망명에 올라 죽을 때까지 돌아오지 못했다. 우여곡절 끝에 결국 진실이 승리했다. 진범이 잡혔고 드레퓌스는 명예를 회복했다. 지식인들이 승리했지만 최종적인 승자는 공화국이었다. 드레퓌스 사건은 대혁명 이래 100년을 넘게 이어온 왕당파, 보수파의 반격을 종식시켰다. 혁명이 완성됐다. 지식인의 손으로. 그들의 펜으로!

이렇게 등장한 지식인은 도대체 어떤 존재일까? 프랑스를 대표하는 실천적 지식인 사르트르의 입을 빌려서 생각해보자. 사르트르에 따르면 "지식인이라는 집단은 지적 능력에 관계되는 일을 통해서 어느 정도의 명성을 획득한 후에, 자신들의 영역을 벗어나, 인간이라는 보편적이고 독단적인 개념을 명분으로 내세우면서, 사회와 기존의 권력을 비판하기 위해 자신들의 명성을 남용하는 다양한 부류의 사람들을 가리키는 말"이다.

친절하게 좋은 사례까지 덧붙여준다. 핵무기 제조를 위해 핵분열을 연구하는 이들은 학자일 뿐이다. 이 학자들이 핵무기의 가공할 위력에 놀란 나머지, 핵폭탄의 사용을 억제하는 여론을 조성할 목적으로 회합을 갖고 선언문에 서명할 때 그들은 지식인이 된다. 첫째, 그들은 폭탄을 연구하고 제조한다는 자신들의 임무와 권한을 넘어서 폭탄의 용도에 대해 판단하는 일에 개입하고 있다. 둘째, 그들은 사람들이 인정해준 그들의 명성 또는 권한을 이용해서 여론에 압력을 가한다. 셋째, 그들은 폭탄의 안전에 대한 기술적 우려 때문이 아니라 인간의 생명을 최상의 기준으로 취하는 가치체계를 명분으로 폭탄의 사용을 반대한다.

지식을 토대로 하되, 직분이 그어놓은 경계를 넘어 사회에 대해 비판적 발언과 행동을 수행하는 집단이라는 지식인 집단의 특징이 여기서 뚜렷해진다. 사르트르에 따르면 지식인은 기본적으로 고독한 존재다. 그 누구도 지식인에게 무언가를 위임한 적이 없기 때문이다. 지식인은 지위고, 스스로 걸머지는 책무다. 지식인은 다른 사람들이 함께 해방되지 않으면 그 자신도 해방될 수 없는 존재다. 해방을 위한 지식인의 과업은 무엇인가? 민중을 마비시키는 이데올로기가 민중 속에서 계속해서 되살아나는 현상과 맞서 싸우는 일이다. 뿌리까지 내려가서 비판적으로 되는 것, 즉 급진적 지식을 창출하는 것이 지식인의 임무다.

'지식인을 위한 변명'이라는 제목으로 사르트르가 강연을 하던 1960년대 중반은 이런 지식인상이 절정에 도달한 때였다. 세계의 여러곳에서 지식인은 반전과 평화, 노동자와 인민의 권리와 해방을 외치며 지식인적 실천에 앞장섰다. 사르트르가 말하듯 지식인은 자신의 고유한 목표, 그러니까 지식의 보편성과 사유의 자유, 즉 진리를 위해 싸웠다. 그 목표가 노동계급과 인민의 해방이라는 목표와 일치한다고 믿었다. 쓰고 서명하고 토론하고 행진했다. 지식인의 신화시대라 할 만한 시절이었다. 그리고 죽었다.

지식인의 죽음

1970년대를 지나며 세상이 바뀌기 시작했다. 여러가지 변화가 겹쳤다. 무엇보다 인식론적 지형의 변화가 컸다. '보편적 인간'은 물론 프롤레타리아도, 국민도, 어떤 종류의 보편적 주체도 더이상 인정받지 못하는 해체의 시대, 이른바 '포스트모던'의 시대가 열렸다. 보편성을 위해 싸우던 지식인의 자리가 함께 위태로워졌다. 미셸 푸코Michel Foucault는 보편적 진리를 위해 싸우고 가르치는 보편적 지식인이 아니라 국지적 진리를 위해 싸우는 전문가, 특수적 지식인이 필요하다고 주장했다. 그럴 만한 상황이었다.

지식인이라는 집단을 탄생시키고 유지하게 해준 제도적 기반인 미디어와 대학에도 변화가 휘몰아쳤다. 『지식인의 종말』(강주헌 옮김, 예문 2001)을 쓴 프랑스 지식인 레지 드브레Régis Debray도 지식인 곡선이 퇴화하기 시작한 시점을 1970년경으로 잡는다. 미디어 환경의 변화를 결정적 이유로 꼽는다. 이 시기에 마케팅과 광고의 역할이 팽창하면서 미디어가 '문화적인 것'까지 공공연히 떠맡게 되었다. 여기에 신문, 라디오, 텔레비전, 사진, 영화 등과 같은 다양한 지식 보급 수단이 덧붙여지면서 지식인의 가장 큰 무기인 책의 가치가 전락하고 말았다. 구조주의는 '저자의 죽음'을 선언했지만, 그것은 곧 지식인의 죽음이기도 했다.

비판적 지식인을 떠받치던 중요한 제도적 기반인 대학에도 변화가 시작됐다. 대서양 저편 미국에서 진행된 변화가 바다를 건너고 지구를 돌아 세계로 퍼져나가고 있었다. 대학의 기업화 추세가 심화되면서 교수, 연구자 들은 점차 보편적이고 비판적인 목소리를 내기보다는 자기만의 세부로 침잠하기 시작했다.

철학자 월터 카우프만Walter Kaufmann은 『인문학의 미래』(박중서 옮김, 반비 2022)에서 1970년대 미국 대학의 인문학 위기를 인문학자 유형의 변화를 통해 설명한다. 그에 따르면 인문학자에는 선견자, 현학자, 소크라테스형 비평가, 그리고 언론인이라는 네 유형이 존재한다. 선견vision을 제시하는 선견자는 원래 드문 존재고, 의식적으로 만들 수도 없다. "순간의 시종인 언론인"이 거기 대비된다. "언론인은 당일치기로, 즉 즉각적 소비를 위해 글을 쓴다." 그가 높이 평가한 것은 소크라테스형 인문학자였다. 소크라테스는 "당대의 믿음과 도덕을 검토했고, 합의에 대한 무비판적인 의존에 근거한 지식의 주장을 조롱했다." 반면 현학자는 엄밀성과 전문가주의에 자부심을 가지며 자기 학생들과 독자들이 남들이 생각하는 것을 생각하게 만들려고 애쓴다. 바야흐로 현학자의 시대였다. 『자라투스트라는 이렇게 말했다』(정동호 옮김, 책세상 2007)에서 프리드리히 니체Friedrich Nietzsche는 스스로 '정신의 양심'을 가졌다고 자부하는 연구자를 등장시킨다. 그는 오직 거머리의 두뇌만 연구한다. 그에게는 거머리의 지혜가 하나의 세계다. "이 하나를 위해 나는 모든 것을 버렸으며 다른 모든 것에 무심해졌다. 그리하여 나의 앎 아주 가까이에 나의 캄캄한 무지가 자리하게 된 것이다."

비판의 대상을 인문학자에서 지식인 일반으로 넓힌다면, 이 시기부터 현학자와 언론인 유형이 번성하는 시대가 시작됐다.

미래를 제시하는 선견자가 사라진 것은 물론, 자기 시대를 비판하는 소크라테스형 지식인도 드물어졌다. 드브레의 비판은 신랄하다. "효소가 기생충으로 변했고, 톨레랑스가 감시로 변했으며, 억견 doxa 의 방해자가 여론몰이꾼으로 바뀌었다." 19세기 말 20세기 초에 등장한 '최초의 지식인'들은 주변 상황에 순응하기를 거부함으로써 대중에 영향을 주려 했던 반면, 오늘날 '최후의 지식인'들은 시대 상황과 타협하면서 그들의 세계를 끌어가려 한다. 세상에 드러나고 싶어서 책을 무지막지하게 써대고, 정기간행물의 편집진과 밀착해서 기고자 명단에 이름을 올린다. 정확한 글보다는 선전에 열을 올린다. 가슴이 뜨끔해진다. 지식인은 죽었다. 거머리의 두뇌 연구로 침잠한 현학자와 세상의 관심을 갈구하는 언론인이 그 자리를 대신한다.

태어난 그 자리로 돌아가기

한국에도 고뇌하고 실천하는 지식인의 시대가 있었다. 지식인의 중심에 대학교수의 역할이 두드러졌던 것도 한국의 특징일 것이다. 식민지와 분단, 그리고 독재로 일그러진 한국의 시민사회에서 대학은 그리스도교회와 더불어 약간이나마 숨을 쉴 수 있는 드문 공간이었다. 거기에 더해 교수지식인 스스로의 행동이 있었다. 4·19혁명 당시 대학교수의 시위는 지식인의 사회적 실천을 상징하는 깃발이 되었다. 피의 그날 이후 교수는 마땅히 자신의 지식에 기초해 사회 현실에 비판적으로 참여해야 한다는 사회적 기대도 형성됐다. 1960년대에 참여지식인론이, 1970년대에 민중적 지식인론이 대두했다. 이 시절 교수지식인의 현실 비판은 민중의 참상에 대한 연민과 학문적 신념을 지켜야 한다는 양심은 물론, 자기 삶의 비루한 조건에서도 기인했다. 아직 가난한 나라였다. 교수의 살림살이라고 해서 딱히 풍요롭지 않았다. 학문의 자유가 제약되니 늘 조마조마했다. 연구비 같은 것은 엄두도 내기 어려웠다. 그래서 민중을 대변한다는 예언자적 소명의식은 자기해방의 요청과 동행했다. 존경받는 지사형 지식인이 출현한 배경이다.

이들의 소명의식은 1980년대를 거치며 더욱 급진화되고 사회운동화되었다. 신군부 정권이 비판적 교수들을 대거 해직하자, 곳곳에 재야 연구소를 만들어 정권과 체제에 대한 지적 저항의 거점을 구축했다. 한국사회에 대한 근본적인 재인식과 변혁 방안의 탐구를 실천적 행동과 결합했다. 젊은 대학원생들은 교수직이 보장되는 미국 유학을 마다하고 재야 연구소에서 공부하고 토론했다. 비판적 학술운동의 탄생이다. 독립적 지식 생산의 장이 만들어지고 있었다. 그리고 노동자, 민중과 만났다. 거기가 현장이었다.

1987년 6월항쟁 이후 제도적 민주화의 진전이 역설적인 상황을 만들어냈다. 이제 지식인에 대한 가시적 탄압은 크게 줄어들었다. 때마침 동구권이 붕괴하면서 지식인들의 비판 담론도 수위가 낮아지고 급진성이 약화되기 시작했다. 게다가 대학이 급팽창하던 시절이었다. 재야 연구소의 젊은 연구자 상당수가 예기치 않게 대거 정규직 교수로 자리잡았다. 박사학위를 받기 전에 취직한 경우도 많아서 유학파보다 먼저 자리잡는 일도 빈번했다.

1990년대 중후반부터 신자유주의적 대학개혁이 시작되었다. 대학은 갈수록 상업화되었고 등록금은 세계 최고 수준에 육박해갔다. 그에 힘입어 대학교수의 연봉이 상승하고, 점차 상위 중산층으로 편입되었다. 유은혜 전 교육부장관이 국회의원 시절 교육부 자료에 의거해 밝힌 바에 따르면 2017년 기준 4년제 대학 절반 가까이에서 교수 연봉이 평균 1억원을 넘었다. 연구 활동비 등 각종 부수입은 제외한 수치다. 같은 해 근로자 평균 연봉이 3,475만원이었다. 물론 교수 사회도 양극화가 심각하다. 연봉은 지방에서 서울로 갈수록 높아지고, 교수 직급별 연봉 격차도 확대되었다. 같은 해 대학 교원 중 34%를 차지한 시간강사의 평균 연봉은 오히려 낮아졌으니 그 어려운 처지는 말할 나위도 없다. 한국사회 모순의 축소판이다. 비판적인 교수지식인들은 대개 한국사회의 양극화를 강력하게 비판해왔다. 그들 자신이 그 양극화의 수혜자라는 사실은 곧잘 잊혔다.

민주화와 신자유주의화를 거치며 한국사회의 학벌 차별구조는 점점 더 강화되었다. 비판적인 교수지식인 대다수는 학벌주의를 강력히 비판하지만, 그들 자신이 바로 그 소수의 명문대 출신으로서 혜택을 입었다. 다시 그 구조의 재생산에 기여하는 경우도 허다하다. 적지 않은 지방대 교수가 배우자의 직장, 자녀 교육 등을 이유로 서울에 본가를 갖고 있다. 서울중심주의를 비판하면서도 스스로는 지역에 뿌리를 내리지 않는다. 강남에 아파트를 가진 이들도 드물지 않아서 자산 기준으로도 상위 2~3% 이내에 속하게 된다. 자녀 교육에 진심이니 대치동 학원 등 사교육에 특목고 진학은 물론이고, 연구년에 자녀를 동반해서 출국했다가 조기 유학으로 이어지는 경우도 흔하다. 능력주의적 계층 재생산에, 불평등 세습에 열심이다. 비판적인 교수지식인 중에도 이렇게 진심인 이들이 수두룩하다. 우리는 그 일단을 문재인 정권 때 장관을 지낸 한 인물과 가족의 사례를 통해 잘 목격했다. 비판적 교수들 중 많은 이들이 "나는 돌을 못 던지겠다"고 말했다. 우리의 자화상이다.

비판적 교수, 연구자 들이 모여 대안적 지식을 생산하던 재야의 연구소들은 대부분 기성 학회로 전환하여 제도권에 편입되었고, 일부는 학계의 주류가 되었다. 대중을 향해 서점에 깔리던 독립 학술지들은 학회 회원에게만 우송되는 연구재단 등재지가 되었다. 조금 과장하자면 필자와 심사자를 제외하면 아무도 읽지 않는 잡지가 되었다. 연구재단의 간섭을 늘 비판하면서도 재단의 연구비 지원이 없으면 연구를 할 수 없다고 생각하게도 되었다. 자유롭고 창의적인, 무엇보다 민중을 향한 연구가 점차 자리를 잃어갔다. 그중 일부는 정부와 공공기관의 고위직이 되어 민중의 삶에 막강한 영향력을 행사하기도 한다. 좋은 뜻을 가진 이들이니 나쁘다고만 할 수는 없겠다. 힘을 가져서 약자를 돕겠다는 논리지만, 불평등 구조 자체는 하나도 바뀌지 않았다. 애당초 그들이 늘 비판하던 건 바로 그 불평등 구조였음에도.

문득 프랑스의 철학자 디디에 에리봉Didier Eribon의 자전적 저작 『랭스로 되돌아가다』(이상길 옮김, 문학과지성사 2021)의 한 구절이 떠오른다. 1968년 5월의 프랑스 파리는 뜨거웠다. 노선도, 생각도 달랐던 소설가 마르셀 주앙도Marcel Jouhandeau는 거리를 행진하는 학생들에게 외쳤다. "집으로들 돌아가세요! 20년 뒤에 당신들은 모두 공무원이 될 테니까." 에리봉은 그 시기를 지나며 트로츠키주의 고등학생이 되었고 평생을 좌파로 살았다. 그리고 주앙도의 예언을 이렇게 회고한다. "그들은 공무원은 아닐지 몰라도, 의심의 여지없는 유력자가 되었다. (…) 정치적·지적·개인적으로 높은 지위에 올랐고, 사회질서를 안락하게 여기며, 있는 그대로의 세계를 수호했다.” 그들의 변신에 몸서리를 치며 노동계급이 극우 지지자로 돌아섰다.

오늘날 한국사회에서 대학은 민중의 삶과 유리되었고, 세계 최고 수준의 등록금과 서열 구조로 민중의 고통의 원천 중 하나가 되었다. 비판적 교수지식인은 대개 중상류 계급이 되어 있고, 계층 재생산을 위해 애쓰는 중이다. 대중은 더이상 지식인을 신뢰하지 않고, 때로 저런 모습에 실망하고 분노한다. 교수들, 비판적 지식인 자신이 이런 상황을 너무나 잘 알고 있을 것이다. 자조하기도 하고, 자기비판을 하기도 한다. 남 이야기가 아닌 나 자신이 함께 겪어온 문제다. 주지하듯이 이런 변화는 지식인 개인의 변절이나 타락 때문에 일어난 게 아니다. 많은 것들이 매우 근본적으로 변했다. 비판적 지식인으로서 교수들이 감당해야 할 딜레마가 큰 이유다.

나도 딱히 해답은 없다. 다만 한 시절의 추억을 떠올려보고 싶다. 1980년대 신군부가 비판적 교수들을 대거 해직하면서 수많은 재야 연구소들이 만들어지고 거기서 공부가 이루어지던 시절 말이다. 그때 연구자들은 그곳을 ‘현장’으로 생각했다. 이전까지 한국의 지식인들은 자신의 지식인됨을 부정하고 현장으로 가려 애썼다. 이때부터는 자신의 지식으로 현장에 참여할 수 있다고 믿었다. 거기서 노동자와 민중을 만나고 싸움을 만들었다. 한국에서 비판적 지식인이 가장 뜨겁게 제 노릇을 하던 시절이었을 것이다.

그 시절 그대로 돌아갈 수는 없다. 지식인은 이미 충분히 분화되었다. 예전에도 그랬지만 지금은 더욱 그렇다. 다만 변화한 조건에 맞춰 민중과 만날 새로운 현장을 찾고 싶은 지식인들이 대학의 안팎에 있기 마련이다. 예컨대 대학의 인프라를 지역의, 민중의 삶과 연결하려는 시도들이 필요할 것이다. 상위 중산층이 된 교수지식인이 딜레마 속에서도 초심의 길을 걸으려면 현장과 연결된 긴장감을 부여안는 수밖에 없다. 레지 드브레는 프랑스 지식인의 소멸에 대해 이렇게 말한다. "프랑스 지식인은 태어난 그 자리에서 소멸되었다. 이상과 민중을 하나로 연결시키려던 의지가 그렇게 소멸되었던 것이다. 그들은 아주 사소한 것 하나, 즉 이상과 민중을 맺어주려던 결혼상담소를 잊어버렸다." 태어난 그 자리로 돌아가야 한다. 이상과 민중을 하나로 연결시키려는 의지로, 현장으로. 그것이 필요하다.

대학을 떠난 공부

영리의 윤리를 찾아서

대학을 떠난 후

몸담고 있던 대학에서 사직한 것이 2019년 10월 말이었다. 스무살에 대학에 적을 올렸으니 학부생 때부터 치면 30년을 훌쩍 넘는 기간 동안 대학 울타리 안에만 머문 셈이다. 대학에서 정년퇴직하는 분들을 생각하면 이런 말 꺼내기가 조심스럽지만, 참 오래도 있었다. 박사학위를 받고서도 줄곧 비정규직이었다. 불편한 점은 있었지만 애당초 정규직을 향한 갈망도, 압박도 크지 않았던 탓에 그리 힘들지 않게 지낼 수 있었다. 금수저여서 그랬던 건 결코 아니다. 몸이 가볍고 책임감도 모자라서 그랬다. 아무튼 그렇게 계약직으로 재직 중이던 대학에서 쉰을 넘어 예상치 못하게 정규직이 됐다. 그리고 1년 조금 더 지나 사직서를 냈다.

딱히 먹거리 대책이 있어서 그랬던 건 아니다. 상쾌하지 못한 저간의 사정을 늘어놓을 자리는 아니다. 정규직의 세계를 살짝이라도 엿봤으니 나로서는 그저 언감생심이다. 그만하면 충분했다.

대학은 떠나지만 공부를 떠나려는 건 아니다. 하지만 대학을 떠난 공부의 모양새가 대학에서와 같을 리도 없다. 이제 제도의 보호도, 압박도 없다. 혈혈단신으로 무슨 공부를 어떻게 해야 하는 걸까? 좌충우돌할 수밖에. 돌이켜보는 것도 의미가 있을 듯하다.

대학 안 공부의 롤role과 룰rule

모든 공부는 자기 공부임과 동시에 수신자를 향한 말 걸기이기도 하다. 대학이건 대학 바깥이건 공부를 통해 말을 걸고, 대화를 주고받는 건 마찬가지다. 물론 둘 사이 차이도 분명하다. 다른 사물과 비교해보면 한 사물의 윤곽이 더 오롯해지는 법.

대학 안 공부의 확연한 특징은 무엇일까? 자정이 지나 현관문도 잠긴 연구동 건물에서 밤새 연구실 불을 밝히는 고독한 연구의 진실이 있다. 그걸 폄훼하고 싶지는 않다. 나도 그래봤다. 하지만 그 내밀한 고독은 대학 바깥에서도 다르지 않다. 그러니 평가하기 어려운 내면의 진정성보다는 손쉽게 드러나는 차이에 주목하게 된다. 역할과 규칙, 즉 롤과 룰이 꽤나 정연한 일종의 게임이나 의례 같다는 데 대학 안 공부의 특징이 있는 듯싶다.

　전문적 직업 활동으로서 대학 안 공부는 대개 학술대회 발표, 논문과 학술서의 작성과 출판 같은 정형화된 틀을 통해 진행된다. 청중과 독자는 대개 비슷한 경로를 따라 훈련받은, 자격증 갖춘 동업자들이다. 이들 또한 듣고 읽음으로써 공부를 하는 셈이다. 그래서 공부는 '함께하는' 것이 된다. 함께하기 위해서는 이 동업자들 사이에 역할이 필요하다. 굳이 사회학적으로 표현하자면 역할, 다시 말해 '특정한 지위에 부수되어 마땅히 기대되는 행동들의 묶음'을 숙지하고 이행해야 한다는 말이다. 단지 역할을 실행하는 것만이 전부가 아니다. 역할 수행에 따르는 규칙들도 있다. 학문을 수련하는 과정은 지식을 습득하는 과정임과 동시에 그 게임의 법칙을 몸에 익히는 과정이기도 하다. 룰의 요체를 요약하자면, '겸손과 자랑의 절묘한 줄타기'라고 할 수 있다. 이를테면 이렇게.

　'나'는 선학들이 쌓아놓은 찬란한 학문의 전당 — 업계 용어로 '기존연구'라고 부른다 — 앞에서 아득한 현기증을 느낀다. 저절로 존경심이 우러난다. 단행본이라면 서문에 '천학비재'淺學菲才 같은 고답적인 수사를 넣어도 좋은데, 분위기를 봐서 과공過恭이다 싶으면 절제할 줄 아는 균형감도 필요하다. 그리고 이윽고 그 찬연한 전당에 내 몫의 한줌 기여분도 있음을 겸손히, 하지만 분명하게 밝힌다. 가장 낮은 자 되어 더불어 높아지는 전략이다.

읽고 듣는 이들에게도 나름의 롤과 룰이 있다. 학술저널에 투고된 논문의 심사자 노릇을 맡았다면 우선은 어떻게든 그 논문에서 무언가 학문적 의미를 찾아내고 적시해주는 밝은 눈을 가져야 한다. 상찬의 췌사들을 끝내고 나면 드디어 냉철한 비판과 엄정한 수정 보완의 요구를 덧붙여야 한다. 그래야 편집진 보기에 좋은 심사서가 된다. 달랑 몇줄의 심사평을 단 무성의한 '적극 추천'도, 파란을 일으킬 '탈락' 판정도 자제하는 편이 좋다. 저널 평가에 대비한 탈락률 제고가 필요할 때는 저널 측에서 암시를 주기도 한다. 대개 직설적으로 표현하지는 않고 "엄정한 심사를 기대한다" 정도의 표현이 오간다. 그런 걸 해독할 줄 알아야 한다.

학술회의의 토론자 몫도 크게 다르지 않다. 예의바른 칭찬과 촌철살인의 코멘트가 적절하게 조합되는 것이 중요하다. 대중 앞의 의례라는 측면이 두드러지는 자리이기에 각별히 요청되는 매너도 있다. 빛나는 건 좋지만 발표자보다 더 빛나서는 안 된다. 아니 더 빛나려고 애쓰는 게 보여선 안 된다. 가끔 이걸 잊어서 뒤에서 분노를 사는 이들이 있다. 돌이켜보면 내가 자주 그랬다. 떠나고 난 다음 깨닫는다. 아뿔싸!

나와 동업자들이 서로 롤을 바꿔가며 이 게임을 진행한다. 가끔 룰을 어기는 이들이 있어서 파란이 일곤 하지만, 대세에는 지장이 없다. 이 모든 게임 진행을 위한 비용은 학부모들의 계좌에서, 학생들의 아르바이트 임금에서, 혹은 공공의 세금이나 기업의 이윤에서 나온다. 그러니까 밥값을 해야 한다. 위대한 학문적 업적은 못 내더라도, 어떻게든 쓰임새가 있음을 입증하지 않으면 안 된다. 이공계 학문이나 데이터에 기반을 둔 실용적인 사회과학 쪽은 다르지만, 대다수 인문학, 사회과학이라도 실용성 떨어지는 쪽은 밥값의 압박이 심하다. 그렇게 쓰임새 입증을 위해 애쓰나가 어떨 때는 분노하고 허탈해지고, 또 탈진한다. 나는 계속 그럴 자신이 없었다. 대학을 떠난 이유 중 하나다.

대학 밖 공부의 역설, 쓰임새를 입증하기

역설적이지만 대학 밖에서 공부로 먹고살려면 날마다 자신의 쓰임새를 입증해야 한다. 압박하면서도 보호해줄 '제도'가 없기 때문이다. 대학이 먹거리를 거저 주는 건 아니지만, 대학 밖에선 그야말로 자기가 알아서 해야 한다. 이쪽 업계로 접어들고 난 다음 가장 막막했던 것은 어디에 어떤 먹거리가 있는지, 역할과 규칙은 무엇인지 알려주는 이가 아무도 없다는 점이었다. 대학 밖에서 내 위치가 '그냥 혼자'인 탓이 크겠지만, 서로 관찰하고 돕고 경쟁할 동업자 풀이 없다. 오죽하면 어디 기획사 비슷한 곳이라도 있어서 섭외도 주선해주고 요령도 알려주면 좋겠다는 생각이들 때도 있다.

대학 밖 연구자가 지식의 판매를 통해 밥벌이를 의뢰할 길은 다양하다기보다는 잡다하다. 크게 보아 공적 지원과 시장에서의 지식 판매로 나눌 수 있는데, 공적 지원이라고 해도 한정된 재원을 둘러싸고 선정을 위한 경쟁이 벌어지니 본질적으로는 저잣거리의 원리에 가깝다. 나의 경우를 통해 그 세계를 조금 엿보는 것도 괜찮을 것이다.

우선 가장 큰 덩치로는 역시 한국연구재단의 지원이 있다. 마침 내가 프리랜서가 된 첫해인 2020년부터 실시된 인문사회학술연구교수 프로그램이 주목할 만하다. 다양하게 나뉘어 있던 이런저런 비정규직 연구자나 학문후속세대 지원 프로그램들을 하나로 묶었다. A유형은 먹고살 만하게 지원해주는 대신 경쟁과 부담이 크고, B유형은 지원 규모가 작은 대신 부담도 작다. 어느 쪽이든 논문이나 저작 생산이 의무인 것은 마찬가지다. 기존 지원 프로그램들과의 결정적인 차별점은 특정 대학 연구소에 소속되지 않아도 된다는 점이다. 작지만 중요한 진전이다. 그동안의 지원들은 대부분 '공동연구'는 물론 개인연구에 대해서도 개인에 대한 직접 지원이 아니라 대학 연구소를 통한 간접 지원 방식을 취해왔다. 행정상의 편의를 위해서였을 수도 있지만, 대학의 기득권 유지에 기여해온 것도 사실이다. 나처럼 '비제도권'을 스스로 선택한 이들은 애당초 지원 대상에서 배제되는 구조였다. 새 프로그램은 민주화를위한전국교수협의회(민교협), 한국비정규교수노동조합 등 여러 학술운동 단체들이 오랫동안 요구해온 사항들을 불완전하나마 담았다. 나 또한 첫해에 B유형을 신청해서 지원받은 바 있다. 아직은 수요에 비해 지원이 부족하고 기간도 짧다. 이런 제도들이 더욱 확산되고 안정된다면 대학 밖에서 공부하는 사람들에게 제법 버팀목이 될 것이다.

그외에는 그야말로 정해진 틀이 없다. 정말 잡다하다. 내 경우는 개인적 인연에 따른 연구보고서 참가, 공적 지원을 받는 일정 기간 동안의 강연 프로그램 같은 것이 대학 시절의 연구교육 활동과 비교적 유사한 활동일 듯하다. 반면 어디서든 부르면 달려가는 일회성 강연은 성격이 많이 다르다. 말 그대로 '메뚜기'처럼 이리저리 뛰어다니는 처지인데, 부르는 곳의 성격에 따라 강연료를 포함한 처우도, 요구 수준도, 청중의 관심도도 천차만별이다. 때로 실망스럽고, 때로 예상치 못한 기쁨을 얻기도 한다. 감당해야 한다.

신문에 정기적으로 칼럼을 쓰고, 라디오에서 시사교양을 해설하는 노릇도 하고 있다. 기댈 데가 없는 대학 밖 지식인에게는 더욱 소중한 '이름 알리기' 통로라고 해야 할까? 잊히면 안 된다는 불안감과 무언가 발언해야 한다는 공적 의무감 사이에서 어느 쪽으로 추가 기운다고 고백하기 어렵다. 둘 다 진실이다.

흔히 '레거시 미디어'로 같이 묶이지만, 신문 글쓰기와 방송 프로그램에서의 교양 해설 사이에는 '넘사벽'의 차이가 있다. 칼럼의 경우 주제 선정부터 내용, 제목까지 내 자유와 책임 아래 진행된다. 편집진의 데스킹이 전혀 없는 것은 아니지만, 정도가 매우 약하다. 반면 방송은 진행자와 피디, 작가 등 제작진과 모든 과정을 함께할 수밖에 없다. 칼럼 원고는 글자 하나의 뉘앙스까지 고려하며 수정을 거듭하게 되지만, 방송에서는 그러면 자연스럽지 못하게 '원고를 읽게 된다'며 순발성, 우발성을 더 중시한다. 미리 준비한 중요한 이야기가 시간 관계상 잘리는 경우도 다반사다.

반응도 무척 다르다. 신문 칼럼도 때로 본지 사이트나 포털을 통해 댓글 폭탄을 받게 되는 때가 있지만, 대체로 차분한 반응이 많다. 페이스북 같은 소셜미디어에서는 칼럼을 두고 토론이나 논쟁이 벌어지기도 한다. 반면 방송의 경우는, 늘 그런 건 아니지만, 대체로 반응이 거칠다. 언제든지 댓글 테러를 당할 수 있다는 걸 각오해야 한다. 언제부터인가 칼럼이든 방송이든 포털 댓글은 확인하지 않는다. 마음의 평온을 유지하기 위한 최소한의 대처법이다. 대신 내 페이스북 포스팅에 올라오는 의견에 귀 기울이고 토론하는 것으로 만족하고 있다. 정치적 의견이 갈수록 양극화되고 부족화되는 시대에, 공론의 장에서 발언하고 소통한다는 것의 가능성과 효용에 대해 자꾸 생각하게 된다. 쉽지 않지만 어떻게든 해나가지 않으면 안 된다.

논문식 글쓰기에 대한 생각

먹거리 마련을 위한 지식 판매가 지속가능하려면 밑천이 되는 '공부'를 해야 한다. 학술적 글쓰기는 그 공부가 진전되도록 이끄는 가장 중요한 활동이다. 여기서도 대학 재직 시절과는 큰 차이가 생겼다. 무엇보다 전문학술지에는 거의 글을 싣지 않게 됐다. 대신 대학에서는 업적으로 인정하지 않는 각종 계간지, 문예지 같은 곳들이 내 생각을 담는 주된 통로가 됐다. 기존연구 검토부터 시작해서 한글, 영문 초록과 형식을 갖춘 참고문헌 작성까지 학술지가 요구하는 엄정한 형식을 벗어나서 자유롭게 글을 쓸 수 있다. 심사를 염두에 두지 않으니 글쓰기가 더욱 자유로워진다. 제도정치를 직접 다루는 경우는 없지만, 그래도 정치 현실을 좀 더 직접적이고 분명하게 비판할 수 있다. 전공 영역에 갇혀 있던 학계의 글쓰기에서는 누릴 수 없던 자유다. 크지는 않지만 간혹 반응도 접하게 된다.

이런 식의 글을 쓰면 논문을 쓸 때보다 공부하는 재미나 보람이 확실히 더 클까? 단정 짓기 어렵다. 학술논문의 가치는 그것대로 분명하기 때문이다. 논문 한편을 쓰는 일은 매우 성가시고 번거롭다. 일일이 1차 자료를 찾아내고, 기존연구들도 검토해서 비어 있거나 부족한 부분을 채우려고 노력하게 되며, 논리적 완결성, 경험적 증거들을 갖추는 데 신경을 써야 한다. 생각이 다른 심사자들의 평가와 수정 요구에 대해서도 어떻게든 성실히 반론하고 반영해야 한다. 그럼에도 그렇게 심혈을 기울여서 논문 한 편을 쓰고 나면 얻게 되는 자신만의 보람이 있다. 알아주는 사람이 적어도 괜찮다. 인류가 쌓은 지식의 데이터베이스에 조금의 기여를 했다는 생각이 드는 것이다.

문제는 그런 식의 글쓰기가 업적 평가와 임용, 승진 경쟁을 위한 거의 유일한 잣대가 되어버렸다는 것이다. 한국연구재단과 SCIE 등재지에 실리는 논문이 아니면 업적으로 인정받기 어렵다. 『인문학의 미래』에서 카우프만이 통렬히 비판하듯, 작고 세밀한 논제에 집착하는, 안전 지향의 '현학자형' 글쓰기만 양산되기 쉽다. 기존연구 검토를 충실히 하다보면 결국 그 논리의 장, 그 학술적 계보들 안에서 이야기하게 되고, 그 장 자체와 과감한 단절을 시도하기는 어려워지는 면도 있다. 심사위원들의 요구를 반영하면 논문의 부족한 점, 논리적 불균형은 보완될 수 있지만, 대신 예리했던 문제의식이 뭉툭해지기도 한다. 내가 심사자의 입장에서 수정을 요구하면서 그렇게 느낀 적도 적지 않다. 심사자로서 논문의 미비점을 지적하지만, 그 탓에 자칫 필자의 참신한 문제제기가 순치될까 걱정된다는 평을 적은 적도 몇번 된다. 시장이 그렇고 자연이 그렇듯, 공부와 글쓰기의 형식에서도 독점은 큰 문제다.

어떻게 해야 할까? 우선은 자유로운 글쓰기에 주력하되 1, 2년에 한번쯤은 논문식 글쓰기를 시도하고 싶다. 아무래도 그래야 1차 자료를 보는 데 좀더 신경을 쓰게 되고, 동료 평가를 통해 내 생각의 약점들을 객관화하기도 쉬울 것이기 때문이다. 더이상 업적 평가나 승진 따위는 신경쓰지 않아도 되는 자유의 몸이지만 논문식 글쓰기를 완전히 버리지 않으려는 이유다.

저자에서 살아남으려면

대학 밖에서 공부로 먹거리를 구하는 일은 본질적으로 저자[市]의 원리를 따른다. 수요자가 찾아주어야 하고, 경쟁해야 한다. 이런 원리에 더해 조금 더 구체적인 생존의 요령들도 있다. 한국적 시장의 특징이라고 해야 할까? 내 경험을 토대로 몇가지 꼽아본다.

첫째, 내가 먼저 챙기지 않는 한 상대가 알아서 챙겨주는 법은 별로 없다. 이를테면 대학 밖 공부의 중요한 먹거리 원천 중 하나인 강연의 경우를 보자. 강연 요청들이 그럭저럭 들어오는 덕분에 먹고사는 데 보탬이 된다. 놀라운 사실은 섭외 첫 단계에서 강연료를 알려주는 곳이 거의 없다는 것이다. 일단 승낙하고 나면 어느 시점에선가 강사료가 얼마라고 밝히는 경우가 훨씬 많다. 아직도 서생의 체면을 벗지 못해서 의뢰받을 때 "얼마냐?"고 차마 묻지 못한다. 언제쯤 입금되느냐는 질문은 언감생심이다. 불러주셔서 고맙다는 생각만 든다. 아니, 들게 만든다. 스타 강사는 아니지만 불편하더라도 용기를 내서 묻는 게 맞다. 시장에서 가격은 기본 정보다. 그걸 알려주지 않는 불공정 거래가 횡행한다.

둘째, 늘 을이라는 사실을 곱씹게 된다. 독립연구자에게 공공의 지원 프로그램은 거부할 수 없는 선택지다. 모 기관의 지원을 받아 두개의 강연을 다섯달 동안 매주 진행한 적이 있다. 대학 한 학기보다 훨씬 긴데 중간고사도 기말고사도, 발표나 토론 수업도 없이 매번 새 강연록을 써가며 진행하다보니 나중엔 탈진할 지경이 됐다. 사례비를 지급받기 위해 매달 보고서를 냈다. 그쯤이야 얼마든지. 두달쯤 지났을 때 메일이 왔다. 강의 시간과 별도로 한달에 4시간까지 인정해준다는 강의 준비 시간에 대해서도 따로 사진을 찍어 첨부하라고. 그러니까 집에서 노트북이든 책이든 펴놓고 강의를 준비한답시며 혼자 앉아 있는 모습을 찰칵, 찍어서 보고서에 넣어 제출하라는 요구였다. 그 짓을 하는 나를 떠올리니 청승맞았다. 답장을 보냈다. 강의 내용이 많아 시간이 워낙 빠듯해서 준비 시간도 모두 강의로 진행하고 있지만, 설혹

준비 시간을 쓰더라도 사진은 첨부하지 않겠다고. 나의 항의에 대한 답변도 부탁한다고 썼다. 답장은 오지 않았다. 나도 더 따지지는 않았다. 매사에 꼭 이런 디테일들이 들어 있어서 내가 을이라는 사실을 깨닫게 해준다. 다섯달이 끝나가던 무렵, 컨설팅을 담당한다는 중간 지원 조직과 화상회의를 했다. 수십명의 프로그램 참가자 중 내가 거의 마지막 순서라고 했다. 이 일이 가장 힘들고 모욕적이었다고 말하니 그런 일이 있었느냐며 깜짝 놀란다. 내가 더 놀랐다. 프로그램에 참여한 다른 이들은 문제제기를 안 했다는 말이다. 사실 여기에 더 놀랐다.

셋째, 일의 양을 스스로 조절하지 않으면 안 된다. 잘못하면 바로 펑크가 난다. 마감일을 넘기고 후회를 해가며 글을 쓰게 되는 일이 한두번이 아니다. 대학에 있던 때는 낮은 생산성을 스스로 잘 아는 탓에 원고를 청탁받아도 적잖이 사양했다. 바깥으로 나오니 불안진 탓일까, 알아주는 게 고맙기도 해서 들어오는 대로 넙죽넙죽 다 받았다. 선 자리가 바뀌면 시선이 바뀐다고들 하는데 그건 아직도 잘 모르겠다. 분명한 건 몸은 안 바뀐다. 여전히 게으르고 생산성이 낮다. 대학 제도 안에서는 써야 할 글들의 궤도가 대략 정해져 있다. 밖에서는 그런 궤도와 계획도 온전히 자신이 세워야 할 몫이다. 왜 쓰는가? 무엇을 쓰고 싶은가? 어디에 쓸 것인가? 늘 생각하고 써야 한다. 조급해지면 안 된다.

생활인문학 현장에서 '무지한 스승' 되기

대학 밖 공부에서 또 하나 크게 바뀐 것이 있다면 바로 수신자들이 달라졌다는 점이다. 이제 나의 수신자들은 동료 연구자나 학생이 아니라 독자나 청중인데, 이들과 나 사이에는 어떤 정형화된 역할도, 규칙도 없다. 아무것도 안 해도 되지만, 무엇이든 할 수도 있다. 그중 내 말 걸기에 응답해주는 이들이, 또는 스스로 발신하는 이들이 있다. 페이스북 친구신청을 해오고, 줌으로 하는 강의에 찾아온다. 몇달간 강의를 듣다가 인생이 달라졌다며 고백하는 중년이 있어 놀라고, 여러해 묵혀둔 책 원고를 들고 와서 상담과 리뷰를 청하는 이가 있어 기쁘고 두려운 적도 있었다. 내가 하는 이야기가 생전 처음 듣는 이야기들이라 충격의 연속이라는 사람이 있는가 하면, 어떤 분야에서는 나보다 더 공부를 많이 한 전문가를 만나서 내가 주눅이 들기도 한다. 그럴 땐 그분께 강의를 청한다. 아무것도 정해져 있지 않다.

2021년 가을에 동네 협동조합 서점 주최로 주민들과 함께한 6회의 강연 프로그램 '투기 권하는 사회, 어떻게 살아야 할까?'를 진행한 경험이 흥미로운 사례가 될 것 같다. 부동산, 주식, 코인 같은 자산 투기 열풍 속에서 열심히 일하며 살아온 이들의 상실감이 극에 달한 무렵이었다. 통상의 교양경제 강좌와는 달리 경제 현상에 대한 이해 자체보다는 '어떻게 살아야 할까'라는 질문에 초점을 맞췄다. 스무명 내외의 참가자들 중 절반 이상은 지역주민으로서 친분이 있었다. 이런 친분이 허심탄회한 강의 진행에 꽤 도움이 됐던 것 같다. 처음에는 낯설어하던 다른 참가자들도 서서히 이야기를 풀어냈다. 내가 분위기를 유도한 것 이상으로 사람들이 서로 경험을 털어놓았다. 투자 성공과 실패의 경험, 그 과정에서 간파한 자본주의의 민낯과 작동 원리에 대한 체득 같은 것들이 생활언어 속에서 오갔다. 대학 강의에서는 좀체 생각하기 힘든 장면들이다.

대학에 있을 때도 느끼던 바지만, 이른바 '인문학 위기론'은 지극히 대학 중심적 사고에서 나온 말처럼 느껴질 때가 많다. 사실 인문학의 위기는 대학 인문학의 위기이며, 그 근원에는 대학이라는 제도 자체의 위기가 자리잡고 있을 것이다. 반면 대학 밖에는 역사상 그 어느 때보다 많은 인문학 수요가 만개하고 있다. 20세기 후반을 지나며 지구 위의 상당한 지역에서는 역사상 최초로 대학교육이 대중화되었다. 또한 대학을 나오지 않았어도 엄청나게 다양해진 매체들을 통해서 대중은 정보와 지식을 흡수하고 있다. 이들은 교양서 수준의 논의를 충분히 이해하고 고민할 수 있고, 자기 분야에서는 전문적인 식견을 가진 경우도 많다. 그러니까 대중이자 지식인이다. 양자의 경계는 오늘날 무척

애매하고 유동적이다.

생활인문학의 현장에서 사람들과 대화하다보면 자크 랑시에르 Jacques Rancière가 『무지한 스승』(양창렬 옮김, 궁리 2008)에서 제시한, 가르치고 배우는 것 사이의 이분법에 대한 의문을 떠올리게 된다. 젊은 나이에 프랑스혁명에 참여하고 혁명전쟁에도 종군한 교육자 조제프 자코토는 반혁명이 닥친 1818년, 네덜란드로 망명한다. 루뱅대학 불문학 담당 외국인 강사 자리를 얻은 그의 앞에는 막막한 상황이 기다리고 있었다. 그는 네덜란드어를 몰랐고, 학생들은 프랑스어를 몰랐다. 어떻게 할 것인가? 자코토는 막 출간된 프랑스어-네덜란드어 대역 서적을 이용해 학생들이 스스로 프랑스어를 익히도록 독려하기로 한다. 프랑스어 문법에 대해서는 가장 기본적인 것조차 가르치지 않았다. 하긴 가르칠 수도 없었다. 놀랍게도 학생들은 스스로 배워서 높은 수준의 프랑스어를 쓸 수 있게 된다.

이 사례를 통해 랑시에르가 비판하는 것은, 지식과 선의를 모두 가진 스승이 설명을 통해 아직 무지한 학생을 이해시킨다는 교육학의 이원성 모델이다. 그것은 오히려 한 지능의 다른 지능에 대한 종속을 낳는다. "자코토는 (…) 프랑스어를 배우고자 하는 학생들의 의지를 홀로 내버려두었다. 그는 자신도 출구를 몰랐던 숲을 가로지르라고 학생들에게 명령했을 뿐이다." 하나의 지능이 다른 지능에 종속되는 것이 아니라, 스스로 해방될 수 있도록 출구를 열어주었던 것이다.

생활인문학의 현장에서 이루어지는 강의 형식의 대화에서도 발신자와 수신자는 선명하게 구별되지 않는다. 스승의 역할을 기대하는 이들에게 '무지한 스승'으로 다가가는 것도 가능하다. 이 규약 없는 상호 대화의 끝에 무엇이 있을지, 혹은 아무것도 없을지, 어떤 것도 모른 채 대화가 시작된다. 대학 제도를 기준으로 생각해보면 노이즈 가득한 대화들이다. 숲을 가로지른 다음 어디에 도착해 있을지 기대하게 된다. 용기가 필요할 뿐이다. 다만 신중한 용기가.

영리에 영혼이 깃드는 법 배우기

대학 밖에서의 공부는 이렇게 자유롭다. 달리 보면 선명하고 냉정하게 이 시대의 특징을 드러낸다. 그것은 시장 속의 자유다. 나는 무슨 공부든 선택할 수 있고, 형식도 마음대로 할 수 있다. 하지만 지갑을 쥔 수요자가 선택해주지 않으면 굶어야 한다. 나는 대개 을의 지위라는 점을 자각해야 하고, 그러니 겸손해질 필요가 있다. 하지만 챙길 건 스스로 챙기지 않으면 안 된다. 너무 비굴해지는 것은 정신건강에 좋지 않다. 상대가 공공 부문이라면 더욱더. 가늘게, 길게 가야 한다.

또 하나 짚어볼 점도 있다. 대학을 나온 다음 내가 했던 이토록 잡다한 일들은, 그럼에도 불구하고 어느 정도는 소수에게만 허락된 '특권'의 측면이 있다는 것이다. 상당한 학문적 업적과 명성을 지닌 것도 아닌 내가 이런저런 매체에 글을 쓰고 목소리를 낼 수 있었다. 학맥을 핵심으로 한 불평등한 사회구조의 덕이 아니라면 어려웠을 것이다. 이 세계에도 공정한 경쟁 같은 것은 존재하지 않는다. 시장은 시장이되, 불공정한 시장이다. '불공정한 시장, 불안한 자유', 그것이 대학 밖 지식인들의 위치라고 해도 좋다.

이런 시장에서라도 최소한의 윤리는 지켜야 한다. 그야말로 저잣거리의 윤리다. 정말 밥값을 해야 한다는 말이다. 다만 그 저자에서 만난 이들이 뜻하지 않게 마음을 울리고, 벗들이 되곤 한다. 스승의 무지를 일깨우는 학생들, 공부의 길에서 만나는 동료들이 있다. 이럴 때 공부는 불공정 경쟁이 판치는 구조 안에서 잠시나마 담장 없는 공간, 우발성이 마주치는 길을 열어주곤 하는 것 같다. 그 찰나를 이어갈 방법을 찾아야 한다. 이렇게 영리에 영혼이 깃드는 법을 배운다.

'20대 남성의 보수화'와 86세대의 책임

20대 남성의 보수화 현상

지난 20대 대통령선거 출구조사에서 이른바 '20대 남성의 보수화' 현상이 재확인되었다. 국민의힘 윤석열 후보는 20대 남성에게서 58.7%의 지지를 얻어 더불어민주당 이재명 후보의 36.3%를 20% 이상 크게 앞섰다. 5년 전 19대 대통령선거 때에는 20대 남성의 37%가 당시 민주당 문재인 후보를 지지한 반면, 자유한국당의 홍준표 후보는 고작 14%의 지지를 얻는 데 그쳤다.[*] 2020년 총선 때만 해도 20대 남성의 47.7%가 민주당을 지지한 반면, 미래통합당에 대한 지지는 40.5%에 그쳤다.[**] 하지만 지금

---

[*] 「이대남 "특권 누린 적 없어"… 정치권 '2030 젠더갈등' 부추겨」, 『쿠키뉴스』 2022. 3. 12.
[**] 「야권으로 넘어간 스윙보터, 1년 뒤 대선엔 돌아올까」, 『경향신문』 2021. 4. 10.

20대 남성은 60대 이상 고령층과 더불어 보수의 가장 큰 지지 기반이 되어 있다.

　20대 남성의 보수화라는 현상은 단지 청년세대 남성이 정치적으로 보수화되고 있음을 가리키는 데 그치지 않는다. 여기에는 적어도 두가지 이상의 사회적 균열이 동반되어 있다. 첫째, 청년세대에서 젠더 대결의식이 격화되면서 일부 청년 남성이 두드러지게 반여성주의적 성향을 띠게 되었다. 이들은 할당제를 포함한 각종 여성 우대 정책에 의해 자신들이 역차별받고 있다고 믿는다. 둘째, 이들은 좋은 시절에 태어나고 자란 기성세대인 86세대가 성장의 과실을 모두 누린 다음, 청년세대에게 돌아갈 상승의 사다리를 치워버렸다고 믿는다. 여기에 셋째 항목이 추가된다. 기득권이 된 진보 86세대 남성들은 성불평등 시대에 남성으로서의 기득권을 마음껏 누린 다음, 이제는 성평등을 내세우며 현재 청년세대 남성을 희생양 삼아 그 죄의식을 덜어내려고 한다. 기득권도 유지하고, 좋은 남자도 되고 싶어한다는 것이다. 이들이 기성세대 중에서도 특히 진보 586세대, 그러니까 나 같은 부류에 대해 극도로 분노하는 이유다.

'피해자' 정체성으로 구성되는 20대 남성

　논의의 편의를 위해 우선은 20대 남성을 하나의 범주로 묶어서 이야기하기로 약속하자. 오늘날 20대 남성은 스스로를 사회적 약자를 배려해야 할 강자라고는 전혀 생각하지 않는다. 오히려 사회의 모순이 전가되는 힘 약한 피해자라고 생각하는 쪽에 가깝다. 그 피해의식의 가장 근저에 병역의무가 자리잡고 있음은 물론이다.

한국사회에서 남성의 병역의무는 오래된 굴레다. 과거보다 기간도 줄고 구타와 같은 폐해도 줄었지만, 오늘날 청년 남성들에게 이 의무는 과거보다 훨씬 무겁게 여겨진다. 상황이 변했기 때문이다. 노동시장이 공급자 우위에 있던 고도성장기에 병역의무 이행은 성인 남성에게 별다른 핸디캡으로 작용하지 않았다. 오히려 공공 부문 취업시에는 가산점 부여라는 혜택으로 돌아왔다. 남성 중심 사회에서 군복무는 '남성다움'의 자격을 입증하는 통과의례처럼 여겨졌다.

고도성장이 끝나고 저성장이 고착된 현대 한국사회에서 상황은 근본적으로 변했다. 이제 청년층의 실업 문제는 구조적 현상이다. 노동시장의 양극화는 점차 심해지고 있다. 최초의 입직구가 평생의 노동 경력을 좌우하는 한국 노동시장의 현실에서, 처음 비정규직으로 시작하면 영원히 비정규직으로 남게 된다는 공포가 청년세대를 지배한다. 그 결과 질 좋은 일자리를 두고 벌어지는 경쟁이 유례없이 격화되고 있다. 공무원과 공기업 등 안정적인 공공 부문의 일자리가 대기업 정규직과 함께 최고의 일자리로 여겨지는 이유다. 전체 일자리의 10~15% 정도에 불과한 이 소수의 좋은 일자리를 둘러싼 치열한 공채시험 경쟁에서 병역의무를 이행해야 하는 청년 남성은 구조적으로 불리한 위치에 있다. 군필자 가산점도 헌법소원으로 폐지됐다. 국가에 '충성'한 시간을 보상받기는커녕 평생을 좌우하는 취업 경쟁의 대열에서 여성에게 밀리게 됐다는 게 이들의 심정이다. 한국이 여전히 남녀 불평등한 사회라는 걸 부정하지는 않는다. 다만 자기 세대에는 해당하지 않는 이야기라고 생각한다.

지금의 20대 남성은 병역의무를 매개로 한 피해의식을 공유함으로써 하나의 정체성 집단이 된다. 그들의 목소리를 피해 당사자의 호소로 진지하게 들어야 할 이유다. 간혹 "남자니까 참으랴"든지, "남자들이 찌질하다"는 식으로 비난하는 기성세대를 접하곤 한다. 성별을 막론하고 이런 이들이 있다. 젊은 동료 시민에 대한 예의가 아니다. 상황을 악화시킬 뿐.

20대 남성의 공정성 열망

이들의 피해의식과 분노의 저변에는 '공정성'에 대한 열망이 있다. 노력한 만큼, 능력대로 대가를 받아야 한다는 공정성의 논리는 세대와 성별을 넘어 폭넓게 공감을 받고 있다. 뒤에서 좀더 자세히 다루겠지만 전형적인 능력주의의 논리다. 그만큼 문제도 심각하다. 이 논리에서 공정한 경쟁은 어디까지 '개인들 간의 경쟁'으로 받아들여진다. 구조적 불평등 따위는 중요하지 않다.

오해하지 말아야 할 것이 있다. 평범한 20대 남성들도 세습에 분노하기는 마찬가지다. 재벌과 대형 교회의 세습에 찬성하지 않는다. 조물주 위에 건물주가 있는 세상에 절망하는 것도 마찬가지다. 이 세대에서 '수저계급론'이 나온 이유다. 특권과 반칙에 분노하고 반대한다는 점에서 자신들이 협소한 개인적 이익을 탐하는 것이 아니라 정의를 옹호한다고 생각한다. 이들의 태도를 특권계급이나 노년 세대의 보수성과 동일시할 수 없는 대목이다.

이들이 성평등 정책, 군복무 가산점 폐지, 공공 부문 비정규직의 정규직화 등 진보적 정책에 분노하는 이유는 이런 정책들이 '개인들 간의 공정한 경쟁'의 기회를 빼앗는 반칙이라고 보기 때문이다. 세습이 반칙인 만큼이나 약자에 대한 배려도 반칙인 것은 매한가지다. 구조적 차별이나 역사적 맥락에 따른 책임을 '개인'이 져야 할 이유가 없다고 믿는다. 학생부종합전형에 분노하는 이유도 다르지 않다. 대학 서열화보다는 정확하지 않은 대학 서열에 분노하는 세대다. 부모의 경제력이 인생을 좌우하는 데 반대하는 만큼이나 성별이 인생을 좌우하는 변수가 되는 데 분노한다. 남자라고 우대받는 시대를 살아본 적이 없는데, 남자라서 역차별받는 시대에 살고 있다고 믿는다. "오직 점수로만!" 이것이 그들의 슬로건이다.

경쟁의 규칙은 계급, 성별, 인종 따위의 비개인적 요소와 무관하게 동일하게 적용되어야 하고, 그 결과와 책임 또한 개인에게 귀속되어야 한다는 전형적인 자유주의 정의론이 이들에게 체화되어 있다. 이 믿음에 따르면 인간은 역사와 구조의 무게나 영향으로부터 자유로운 개별적 존재, 즉 개인이다. 역사적·누적적 차별을 시정하기 위한 적극적 조치들이 실행될 때면 가장 강력한 반론의 근거가 되는 신념이기도 하다.

물론 이 자유주의적 신념은 현실과 부합하지 않는다. 개인은 진공이나 무중력 상태에서 행위하지 않는다. 우리는 역사적으로 축적된 수많은 자산과 부채의 그물망 안에 있다. 그것이 구조화된 차별을 만들어낸다. 그래서 우리는 흑인 노예 차별의 교정을 현세대 미국인에게 묻고, 제3세계 국가들의 빈곤과 분쟁의 책임 중 상당 부분을 현대의 서구 국가들한테 따지며, 현세대 일본인에게 사죄를 요구하고, 선조가 저지른 범죄를 사죄하는 독일인을 칭송한다. 여성이 자기 경력을 포기하면서까지 돌봄노동을 전담하게 되는 건 자발적 선택이 아니라 구조적 압력에 따른 것임을 인정한다. 개인의 삶과 선택은 구조적 차별로부터 자유로울 수 없다.

안타깝지만 자유주의적 공정성의 모순에 대한 비판은 오늘의 20대 남성에게 거의 설득력이 없다. 이들이 믿고 있는 개인 간 공정한 경쟁의 합리성과 정당성은 20세기 말 이래 보수는 물론 한국적 진보라고 할 자유주의 정치세력이 공히 경쟁적으로 퍼뜨려온 믿음이기 때문이다. 한국사회에서 권위주의적 개발독재 체제가 파탄에 이르고 신자유주의적 전환이 시작되던 시기에 보수는 물론 진보 또한 시장 경쟁의 힘을 개혁을 위한 에너지로 삼았다. 재벌개혁, 교육개혁의 근간에 자유경쟁과 수월성의 논리, 수익자 부담 원칙 같은 것들이 자리잡았다. 물론 진보의 노선이 보수와 똑같을 수는 없어서, 경쟁이 격화되는 만큼 탈락한 이들을 위한 복지체계의 중요성을 인정한 것도 사실이다. 그래도 추세는 달라지지 않는다.

진보 버전 경쟁력 강화 논리에서 특히 두드러진 것은 "사람에게 투자해야 한다"는 생각이었다. 김대중 정부는 신지식인론을 내세우고, 평생학습 체계 건설과 대학개혁을 주도했다. 교육부를 교육인적자원부로 바꾼 것도 김대중 정부였다. 사람은 경쟁력의 원천으로서 소중해졌다. 소위 인적자본론이다. 노무현 정부 역시 이 노선을 계승했다. 정부 재정의 운용 원리를 영리기업의 회계원리에 기반한 '성과주의 예산제도'로 변경하고, 세계를 무대로 경쟁하자며 한미 FTA를 추진했다. 교육평론가 이범의 지적처럼 지금의 청년들을 키운 교육개혁에서 보수와 진보는 앞서 거니 뒤서거니 서로 합작했다. 전두환 정부 때 만든 특목고가 노무현 정부 때 급증했고, 김대중 정부 때 만든 자사고가 이명박 정부 때 급증했다. 노무현 정부 때 시범 도입한 입학사정관제가 이명박 정부 때 정착됐고, 이후 학생부종합전형으로 확대됐다.

개인 간의 공정한 경쟁에 기반한 차등 분배는 자유주의적인 한국 진보 진영에서 폭넓게 수용된 신념이었고, 재벌을 포함한 기득권 비판의 핵심 논리였다. 정권은 오갔으되 신자유주의 경쟁 사회의 기조는 도저했다. 그사이 양극화는 갈수록 심화됐다. 공정한 경쟁이라는 수사에 내재된 구조적 차별과 모순은 은폐되어 왔다. 이제 와서 20대 남성들에게 구조적 문제를 떠들어봐야 '설명충' 소리만 돌아올 뿐이다. 우리 세대가 그렇게 키웠다. 나는 안 그랬다고 말해도 소용없다.

20대 남성은 하나의 집단인가

지금까지는 20대 남성이 마치 단일한 인격체이기라도 한 것처럼 이야기해왔다. 적어도 병역의무 이행에 따른 피해의식이라는 점에서는 이런 방법이 유효하다. 하지만 그 지점을 넘어서면 문제가 달라진다. 세대에 관한 모든 논의들이 전제하듯 현실의 세대는 단일한 집단이 아니라 서로 다른 계층, 젠더, 학력, 지역,

가치, 이념, 장애 유무 등으로 갈라져 있다. 서울에 살면서 '명문대'를 졸업하고 대기업에 취직한 부유한 남성 청년과, 지방 소도시에 살면서 전문대를 졸업하고 판매·서비스직에 종사하거나 중소 제조업체에서 일하는 가난한 남성 청년의 신념과 취향, 행동 양식이 동일하기는 어렵다. 이들은 서로 다른 세계에 산다. 세대를 하나의 집단으로 간주하기 위해서는 이런 심대한 차이들을 뛰어넘어 이들을 묶어주는 강력한 공통의 세대 경험과 지향, 행위 양식이 현실 속에서 형성되고 재생산된다고 가정해야 한다. 흔히 일어나는 일이 아니다. 그러므로 세대는 생물학적 동일 연령대로서 늘 '존재'하는 고정된 범주가 아니라, 특정한 정치사회적 경험과 조건들 속에서 '형성'되고 '해체'되는 과정 중에 있는 유동적 범주일 수밖에 없다. 그런 전제 위에서만 사용할 수 있는 제한된 범주다. 유럽의 68세대나 한국의 86세대가 그런 세대의 사례가 될 수 있겠다. 그것도 어디까지나 제한된 목적 아래서만.

그렇다면 오늘날 한국의 20대 남성은 어떨까? 금·은·동·흙수저의 수저계급론이 설득력을 얻어가는 세습자본주의 대한민국에서 사는 청년들이다. 서울-수도권과 지방 사이의 격차는 갈수록 아득하다. 과거보다 청년세대 내의 이질성은 훨씬 심해졌다. 병역의무라는 좁은 프리즘을 넘어서 20대 남성의 피해의식을 살펴보면 어떨까? 계급·계층에 따라 아주 다른 그림이 나온다. 한겨레경제사회연구원과 글로벌리서치가 2018년 1월에 수행한 온라인 조사에 따르면, '우리 세대는 사회경제적으로 다른 세대에 비해 더 많은 기회와 혜택을 누렸다'는 질문에 20대의 37.5%가 동의했다. 부모의 경제적 지위에 따른 격차가 매우 컸다. 중상층 이상 20대는 56.3%가 공감해서 가난한 집안 출신의 28.6%에 비해 공감도가 두배가량 높았다. 심지어 '사회경제적 기회를 독점한' 특권 집단으로 공격받고 있는 중상층 이상 50대의 46.7%보다도 꽤 높았다. 미래에 대한 희망이라는 측면에서는 더욱 극적이다. 중상층 이상의 20대는 10명 중 9명 꼴인 89.6%가 미래를 희망적으로 인식했다. 모든 집단을 통틀어 가장 높다. 어쩌면 단군 이래 가장 희망에 찬 세대일지도 모르겠다. 반면 가난한 20대 중 희망에 찬 비율은 32.1%에 그쳤다. 이들이 같은 집단일까?

이 조사에서는 성별 차이가 드러나지 않는다. 20대 남성에게 좀더 집중해보자. 20대 남성의 보수화 현상을 전면적으로 다룬 천관율·정한울의 『20대 남자』(시사IN북 2019)에 따르면 20대 남성 4명 중 1명(25.9%)이 페미니즘과 관련된 모든 이슈에 극단적으로 반대하는 '반페미니즘 신념형' 집단에 속한다. 특정 현상에 대한 찬반 의견의 분포가 대개 양쪽 극단으로 갈수록 줄어드는 정규분포 곡선을 그리기 마련이라는 점을 감안하면, 이 25.9%는 두드러지게 큰 숫자다. 이들이 공정한 경쟁과 능력주의적 차별도 가장 강력하게 옹호하는 집단이다. 그러니까 20대 남성 보수화 경향을 이끄는 핵심 집단이라고 할 수 있다. 『20대 남자』의 문제의식을 이은 2021년 6월의 조사 결과가 미디어 공론장 플랫폼 '얼룩소'alookso에 올라왔다.＊ 여러 문항에 대한 태도에서 계층적 차이가 일관됐다. 능력주의적 차별을 긍정하는 태도는 상층 청년 남성에게서 뚜렷했던 반면, 하층으로 갈수록 줄어들었다. 예를 들어 "정규직은 시험을 통과했으니 같은 일을 하는 비정규직보다 더 많은 월급을 받는 것이 공정하다"는 문항에 대해 상층 청년 남성의 76%가 긍정한 반면, 중층은 67%, 하층은 46%에 그쳤다.

　20대 남성 보수화 현상을 초기에 이슈화한 2018년 초의 한 여론조사를 심층분석한 최근의 연구에 따르면, 20대는 대북·대미 정책 등 안보 이슈에서는 다른 연령대보다 더 보수적이다. 특히 20대 남성의 보수성은 매우 크다. 반면 성장과 복지에 대한 태도에서는 보수와 진보가 팽팽했는데, 다른 연령대보다 오히려 더 진보적이다. 계층적 차이 역시 분명했다. 규제 철폐, 민영화, 정부 주도의 비정규직 정규직화 등 모든 이슈에서 중상층 이상의 보수성이 뚜렷한 반면, 하층으로 갈수록 진보적이었다.＊＊

　20대 남성의 보수화 현상은 복합적이다. 20대 남성의 반발에

＊ 천관율 외 「계급이 돌아왔다: 이대남 현상이라는 착시」, alookso 2021. 11. 8.
＊＊ 한귀영 「20대 남성의 보수화 논의, 그 역사와 함의」, 『정치와 공론』 29권, 2021.

는 충분한 이유가 있다. 앞서 살펴봤듯 한국사회는 '신성한' 병역 의무라는 명분으로 20대 남성의 노동력과 자유를 값싸게 착취해 왔다. 사실 과거에도 옳지 않은 일이었다. 병역 이행이 훈장이 되기는커녕 노동시장에서 핸디캡이 되는 오늘날 반발은 당연하다. 이런 희생을 당연시해서는 안 된다. 최저임금 수준의 경제적 보상, 학업 병행을 위한 제도적 보장 같은 미시적 대책에서부터 모병제로의 전환이나 여성 징병제를 동반한 징병제 부담 대폭 완화까지 모든 대안을 열어두고 진지하게 공론화해야 한다. 남북관계의 획기적인 진전과 동북아시아 평화체제의 구축이 궁극적인 답이겠지만, 거기까지 가기 전에 정당한 보상 지급과 병역의무에 대한 전환을 늦춰서는 안 된다.

다른 한편으로 이 현상은 역설적이다. 조사들은 능력주의 신념을 강화하고 젠더갈등을 부추기는 흐름이 주로 경제적 상층에 속하는 청년 남성들에 의해 주도되고 있음을 시사한다. 이들이 보수화 흐름을 주도하고 있다. 반면 하층의 20대는 상층보다 진보적 의제에 대해 친화적이다. 20대 남성 안에서도 경제적 계층의 차이에 따라 생각이 크게 다르다. 물론 여론조사는 어디까지나 통계적인 추정일 뿐 현실 자체는 아니다. 현실은 훨씬 복잡할 것이다. 그래도 우리는 한가지 이야기를 할 수 있다. 20대 남성이라는 단일한 실체는 존재하지 않는다. 20대 남성 보수화라는 현상도 마찬가지다.

기성세대는 어떻게 해야 할까

이제 나 자신이 속한 기성세대의 입장에서 이 현상을 어떻게 보고 대처해야 할지 생각해보고 싶다. 20대 남성이라는 범주가 단일한 실체가 아니라고 말했지만, 사실은 86세대라는 범주도 남용될 수 없기는 마찬가지다. 1990년대 후반에 386세대라는 말이 처음 출현했을 때 그 말이 가리키는 대상은 매우 좁았다. 이 시기에 30대가 된, 1960년대에 태어나 1980년대에 대학을 다니며 민주화운동에 참가한 이들은 동세대 집단 중 어느 정도나 될까? 사회학자 신진욱이 『그런 세대는 없다』(개마고원 2022)에서 지적하는 것처럼 한줌에 그친다. 1980년대 동안 학령인구 중 4년제 대학 취학자는 겨우 12%다. 386세대라는 말은 그중에서도 소위 '메이저 대학' 출신의 운동권을 주로 가리켰다. 그야말로 한줌이다.

이들은 한국경제 고도성장의 절정기부터 마지막 시기에 걸쳐 대학을 졸업하고, 비교적 쉽게 전문직과 화이트칼라로 노동시장에 진입했다. 벤처기업 전성기에 큰돈을 벌기도 했고, 문화산업 팽창기에 역할을 수행하기도 했다. 부동산 등 자산시장 상승의 혜택을 입은 이도 꽤 있다. 정치나 사회운동에 뛰어든 이들 중에는 세차례의 민주당 계열 정부를 거치며 두루 요직을 차지한 이들도 적지 않다. 지방정부까지 따지면 훨씬 많다. 중산층에서도 상위로 분류하는 게 맞을 것이다. 그 안에서는 한갓 말석에 있을 뿐이지만, 나 또한 그 혜택을 보지 않았다고 말하지 못한다. 기득권이 맞다. 하지만 극소수다. 50대라는 세대 전체로 보면 10명 중 7명은 판매·서비스직, 생산직, 단순노무직 종사자다. 안정적인 직장에 들어갔던 이들도 일찍이 퇴직해서 치킨집을 몇번쯤 차렸다가 말아먹었을 시간이 지났다.

이 소수의 메이저 대학 운동권 출신이 기득권이 됐다고 비판하는 것이라면 나 자신도 부족하나마 일익을 맡아왔다. 나의 뼈아픈 자기비판이기도 하다. 하지만 지금 청년세대 남성들이 겪는 고통의 근본 원인이 86세대에게서 초래된 것이냐고 묻는다면 그렇지 않다. 한국자본주의의 저성장과 노동시장의 양극화 현상을 이들이 만들어낸 건 아니다. 그 추세는 이들이 기득권에 편입되기 훨씬 전부터, 훨씬 높고 강한 데서부터 시작됐다. 이들의 잘못이라면 그 흐름에 맞서기보다는 적당히 타협하면서 어느덧 그 체제의 일부가 되었다는 데 있다. 마치 내가 그랬던 것처럼.

생애에 걸쳐 단 한번도 기득권이 되어본 적 없이 열심히 살아온 우리 세대의 절대다수는 기득권이라는 비판을 받을 아무런 이유가 없다. 그렇다면 20대 남성이 겪는 고통의 원흉으로 지목되어 황당하기도 하고 분노도 치미는 기득권 86세대는 어떻게 해야 할까? 20대 남성 보수화를 이끄는 것이 중상층 이상의 부유한 20대라는 사실에 고무되어 '20대 남자 개새×론' 같은 데 의지하고 싶은 마음이 들지도 모른다. 답이 아니다. 20대 남성이야 어떻든 우리가 기득권이라는 사실은 변하지 않는다. 피해의식에 사로잡힌 20대 남성에게 '찌질하다'고 힐난하기 전에, 우리가 중산층의 안온한 삶을 이어오는 과정에서 약자를 위해 무엇을 양보하고 희생한 적이 있는지 물어보아야 한다. 거기에 답해야 한다.

청년세대에게 고하는 안녕

'청년'으로 시끄러운 세상

세상이 청년을 둘러싸고 소란스럽다. 지식인과 언론이, 정당과 정부가 개탄도 하고 대책도 수립한다며 시끌벅적하다. 소셜미디어에서는 날마다 청년을 둘러싸고 전쟁이 벌어진다. 조금 멀리는 2000년대 중후반에 떠올랐던 88만원세대부터 시작해서 3포세대, N포세대를 거쳐 가까이는 '이대남'과 '이대녀'에 이르기까지 온갖 언어들이 청년의 처지를 드러내려고 한다. 저성장의 고착, 높은 실업률, 경제적 불안정의 일상화로 대표되는 시대에, 청년은 이 우울한 일상을 가장 집약적으로 감당하고 있는 존재로 주목받고 있다.

20세기 내내 청년세대는 한국사회의 격변을 선도하고 상징한 집단이었다. 청년은 세상과 불화하고 우울했지만, 그래서 세상과 싸우고 때로 뒤집었다. 오늘날 청년은 여전히 우울하지만, 더 이상 세상과 싸우지 않는다. 아니, 싸운다고 해도 기성의 정치세력과 편먹고서 그 우산 아래 싸운다. 기성세대라면 치를 떨면서 부정하던 지난 세기에는 없었던 현상이다. 나는 여기서 청년 문제가 단지 청년의 문제가 아니며, 20세기 내내 이어진 한국사회의 장기 사이클이 종결되고 있는 상황과 관련 있음을 말하고자 한다.

20세기 내내 한국의 청년세대는 정신적 고아였다. 아니, 고아를 자처함으로써만 자기 운명의 주체가 될 수 있었다. 그것은 성년이 된 자녀의 자립 과정과는 달랐다. 성인식은 앞선 세대에 대한 총체적 부정과 환멸의 제례로 치러졌다. 기성세대는 가소로워하다가, 노여워하다가, 이윽고 밀려났다. 한국사회는 20세기 내내 존경받을 만한 아버지, 기성세대 모델을 만드는 데 실패했다. 역설적이지만 이것이 20세기 한국사회의 정상적 순환이었다. 한국사회는 청년세대의 세대교체를 통해 카오스적으로 전진해왔다. 그 전진이 이제 끝났다. 그 카오스적 전진이 끝났다면, 이제 청년 문제라는 것은 과연 존재하는지, 존재한다면 어떤 형식으로 존재하는지 되묻게 될 것이다.

20세기의 청년 고아들: 견고한 모든 것은 대기 속에 녹아내린다

20세기의 시작 무렵, 한반도의 젊은이들은 낯모를 고아의식에 사로잡혀 있었다. 왕조는 붕괴해가고 있었고, 아버지들은 쇠락해가고 있었으며, 믿고 있던 모든 지식과 신념들은 녹아내리고 있었다. 1906년에 발표된 최초의 신소설『혈의 누』에서 주인공 옥련은 일곱살 나이로 청일전쟁 중에 부모를 잃는다. 일본군 군의관 이노우에가 옥련을 입양하지만 그는 러일전쟁 중에 사망하고, 집을 나온 옥련은 우연히 구완서라는 남자를 만나 미국으로 유학을 떠난다. 학교를 우등으로 졸업한 옥련은 남녀가 평등한 새 조국의 건설을 꿈꾼다. 잃어버린 부모와도 다시 기적적으로 재회한다.

하지만 그 조국은 1910년에 속절없이 사라졌다. 동시에 부모도, 선조의 자리도 사라졌다. 1918년 신문명의 전도사 청년 이광수는『청춘』15호에 이렇게 썼다. "우리는 선조도 없는 사람, 부모도 없는 사람(어떤 의미로는)으로 (…) 신종족으로 자처하여야 한다." 신종족을 자처한 이 고아들이 서로를 부르는 이름이 청년이었다. 청년이여, 하고 부르면 나 여기에 있다고 응답하면서 고아들은 청년이 되었고, 전통에 맞서며 시대를 선도하는 집합적 주체가 되었다. 철학자 루이 알튀세르Louis Althusser가 말한 호명에 대한 응답으로서의 주체화라는 명제가 잘 들어맞는 사례처럼 보인다. 다만 여기서 청년을 부르는 존재는 큰 타자, 지배 이데올로기가 아니었다. 식민지의 청년에게 따르고 동일시할 큰 타자는 불분명했다. 그래서 청년은 서로 호명하고 응답했다. 이 청년 고아들은 전통을 망국의 원인으로 지목하며 계승을 거부하고 세상의 '개조'를 외쳤다. 이 세대의 자유연애 풍조조차 이런 개조 프로젝트의 일환이었다. 친일과 반일의 대립에 앞서 부모와 선조로부터 탈출하는 꿈이 이 시대 젊은이들의 시대정신이었다.

　이광수를 따르던 세대는 해방 전후에 태어난 4·19세대, 6·3세대에 의해 밀려났다. 미국식 교육 시스템 속에서 영어를 배우며 자란 새 세대는 술자리만 벌어졌다 하면 일본 노래를 부르는 앞 세대가 환멸스러웠다. 많은 아버지들이 해방정국의 좌우대립과 전쟁의 와중에 변절하고 무력해지고 사라지고 죽어갔다. 소설가 김승옥의 아버지는 일본 유학까지 한 좌익 인텔리였고, 결국 '산'으로 들어가서 영원히 돌아오지 못했다. 김승옥은 평생 아버지를 형상화하지 않았다. 아버지는 부재하는 편이 나았다. 그 김승옥이 1964년 「무진기행」을 발표하자 아버지 세대들은 "모두 김승옥이라는 벼락에 맞아서 넋이 빠진 상태"가 되었고, "이제 우리들 시대는 이미 갔다"며 절망했다. 소설가 김훈이 『바다의 기별』(생각의나무 2008)에서 들려주는 문인 아버지와 친구들에 대한 기억이다. 4·19세대가 확실히 혁명한 것은 정치보다는 감수성이었다.

이 혁명의 세대 중 적지 않은 이들이 박정희 장군의 군사 쿠데타에 맞서기는커녕 오히려 지지하고 나섰다. 4·19와 6·3의 동생 세대들은 유신의 폭압 아래서 선배들의 변절에 몸서리를 쳤다. 이제 청년들의 고아의식은 더욱 확장되었다. 부모 세대만이 아니라 조금이라도 앞선 모든 세대가 부정되었다. 김민기가 "긴 밤 지새우고 (…) 나 이제 가노라 저 거친 광야에"라고 노래하고 있었을 때, 청년 노동자 전태일이 몸을 불사른 청계천으로 대학생 장기표가 달려가고 있었을 때, 심지어 쎄시봉의 달아오른 젊은 연인들이 통금 시간에 맞춰 사랑을 멈춰야 했을 때조차 청년들은 기성의 질서에 절망하고 분노했다.

앞선 세대 모두를 부정하는 이 강렬한 고아의식은 1980년대의 386세대에 이르러 절정에 달했다. 이들은 모든 이전 세대들의 저항을 젊은 시절 한때의 치기 어린 반항, 낭만적 태도로 치부한 다음, 이념혁명의 깃발을 높이 들었다. 6월항쟁의 선봉이 되어 역사의 훈장을 받은 이 세대는 자부심에 가득 차서 사회로 진출했다. 3저호황과 그를 이은 호시절 덕을 톡톡히 봤다. 사회 곳곳이 곧 민주화될 것만 같았다. 386세대는 제도적 민주화에 앞장선 만큼이나 경제적 성공에도 영민했다. 신도시 개발과 함께 아파트를 샀고, 벤처 창업과 투자의 선봉에 섰다. 그리고 여느 앞선 세대들처럼, 아니 어느 앞선 세대들보다도 재빨리 기성의 정당과 경제질서 속으로 흡수되었다. 그리고 어느 사이엔가 청년세대를 향해 데모조차 못하는 놈들이라며 비난하는 꼰대가 되었다.

1990년대 소비자본주의의 만개와 더불어 등장한 신세대, X세대는 이 모든 세대들의 집단주의가 환멸스러웠다. '네 멋대로 해라'가 이 세대의 슬로건이 되었다. 드디어 한국사회에 진정한 '개인'이 출현하는 것만 같았다. 모든 기성세대들이 이 신인류의 출현, 개인이 된 청년들이 벌일 문화혁명의 전조 앞에서 어쩔 줄 몰라 했다. 하지만 이들은 1990년대 말 IMF 환란 속에 피기도 전에 시들어갔다.

여기까지가 아주 거칠게 살펴본 20세기 한국의 청년세대사다. 물론 이 과장된 이야기에서는 청년을 갈라놓는 계급·성별 차이도, 청년과 기성세대를 통합하는 민족이나 국가 같은 변수도 고려되지 않고 있다. 여기저기 구멍이 숭숭 뚫린 이야기지만 이 성긴 일반화에는 한국사회가 20세기에 경험한 카오스적 전환과 전진의 서사가 녹아 있다.

20세기 한반도에는 대한제국, 식민지 조선, 미군정, 대한민국, 한때나마 대한민국을 거의 점령하기도 했던 조선민주주의인민공화국이라는 다섯개의 정체polity가 출현했다. 망국, 식민주의의 억압과 착취, 독립운동과 친일, 좌우대립과 분단, 전쟁, 독재와 혁명, 쿠데타와 학살, 민중항쟁이 이 시대를 아프게 아로새겼다.

이 격동의 시기 동안 경제 시스템은 전통적 농업경제로부터 식민지자본주의를 거쳐 원조경제와 개발독재, 신자유주의로 숨 막히게 변신해왔다. 20세기가 시작될 무렵 한국은 세계에서 가장 가난한 농업국 중 하나였지만, 세기의 마지막 무렵에는 정보통신기술과 자동차산업을 앞세운 채 선진국 클럽에 진입해 있었다.

흔히 장강의 뒷물결이 앞물결을 밀어낸다고들 한다. 세대의 교체는 자연법칙 같은 것이라는 뜻일 게다. 20세기 한국의 기성세대들은 장강은커녕 샛강도 되기 전에 뒷물결에 밀려났다. 장강이 될 시간이 주어지지 않았다. 마셜 버먼Marshall Berman은 모더니티의 근본 특징을 논하면서, 셰익스피어와 맑스를 따라 "견고한 모든 것은 대기 속에 녹아내린다"고 묘사한 바 있다. 20세기 한국만큼 이 모더니티의 특징이 명징하게 드러난 곳은 달리 찾아보기 어렵다.

견고한 모든 것이 녹아내리던 20세기 한국사회의 숨 가쁜 격변들은 청년세대를 바쁘게 호출했다. 청년들은 시대의 부름에 응답하면서 자기 역할을 찾았고, 이윽고 때가 되면 한때 불화했던 기성의 질서 속에서 한자리씩 차지할 수 있었다. 그리고 새 세대 청년의 도전을 맞았다.

사이클의 종말: 한국자본주의의 황혼과 새로운 청년 집단의 등장

이제 이 거대한 사이클, 막막한 혼돈과 때로는 암울한 후퇴 속에서도 아무튼 결국은 전진이라는 긴 상승의 사이클이 끝났다. 한국자본주의의 저성장은 구조화되었고, 지금 한국사회는 세계 최고의 노령화 속도와 함께 황혼기를 향해가고 있다. 그 황혼 속에서 지금의 청년세대들이 등장했다. 이들은 적어도 두가지 점에서 20세기의 청년세대들과 달라 보인다.

첫째, 이들은 더이상 아버지, 기성세대에게 저항하지 않는다. 물려받을 것이 있는 청년들은 부모 세대에게 순종하면서 착실하고 예의바르게 스펙을 쌓아가고 있는 중이다. 지주의 자식들이 독립운동에 나서고, 고관대작과 부르주아의 자녀들이 독재타도를 외치던 시절은 돌아오지 않는다. 이 청년들은 지금 시절이 만족스럽다. 그렇다고 해서 물려받을 것 없는 청년들이 분노하고 싸우는 것도 아니다. 앞 세대가 상승의 사다리를 거뒀다고 생각하니 화는 나는데, 행동에 나서봐야 자기 손해일 뿐이라고 여긴다. 기성세대의 '노오오오력' 요구가 얼마나 기만적인 것인지 잘 알지만, "그래서 어쩌라는 겁니까? 우리에겐 들 짱돌이 없습니다." 대신 이들이 선택하는 전략은 냉소와 혐오다.

철학자 페터 슬로터다이크Peter Sloterdijk가 『냉소적 이성 비판』(Kritik der zynischen Vernunft)에서 통찰하듯, 냉소하는 주체는 세상의 허위를 이미 알고 있다. 세상을 바꾸자던 자들조차 결국 주류가 된다. 행동하기 전에 이미 그 결과를 아는 이 주체의 태도가 행동 없는 냉소라는 텅 빈 형식이다. 냉소로도 버티기 힘든 한국의 청년세대들은 거기에 만인의 만인에 대한 혐오를 덧붙인다. 모든 기성세대가, 아니 나와 다른 세상의 모든 존재들이 벌레가 됨으로써 나의 존재 의미가 확보된다. 과장하자면 '○○충들에 대한 극혐'이야말로 이 세대의 시대정신이다. 맘충, 한남충, 노인충, 담임충, 급식충, 기균충, 지균충, 흡연충, 진지충, 설명충 등등… 벌레 따위에 맞서 진지하게 분노하거나 투쟁한다는 건 좀 우스꽝스런 일이다. 그저 혐오하고 피함으로써 자신을 보존하는 것이 생존의 책략이 된다.

둘째, 앞 장에서 확인한 것처럼 청년세대는 더이상 단일한 세대 집단이 아니다. 청년세대는 결정적으로 균열되었다. 수저계급론은 은유가 아니라 현실이다. 상층 청년 남성은 자신감이 넘친다. 능력대로 차별받는 세상이 공정하다고 믿는다. '단군 이래' 이처럼 자기 능력에 대한 믿음이 강한 집단이 없을지도 모른다. 반면 하층으로 갈수록 생각이 달라진다. 능력을 쌓거나 발휘할 기회를 심하게 기울여놓은 불평등 자체를 더 중요한 문제로 인식한다. 지금 한창 불거지고 있는 청년세대의 성별 대립의 근저에도 이런 처지와 인식 차이가——물론 좀더 복잡한 방식으로——

가로놓여 있을 것이다. 20세기에도 청년은 분열되어 있었다. 하지만 그 분열은 기성세대와의 대립 앞에서 잠정적으로 봉합될 수 있었다. 이제 청년을 기성세대에 맞서 하나의 세대 집단으로 묶어줄 집합적 경험이나 정서, 체험은 없다. 그런 것이 있다고 주장하는 '정치적인 담론'들이 있을 뿐이다.

청년이여 안녕, 젊은 약자여 안녕

20세기를 가로지른 청년들의 약진은 사실 다섯개의 정체와 다섯개의 경제 시스템이 숨 가쁘게 교체하던 20세기 한반도의 역사적 격변이 반영된 결과일 뿐이다. 양반지주는 정당성을 잃은 옛 세력이었고, 성장하던 부르주아는 식민권력과 독재권력에 빌붙은 세력이었다. 노동계급은 20세기 내내 극도로 탄압받았고, 제구실을 할 수 없었다. 청년은 이 공백을 대신했다. 그래서 격렬했고, 그래서 금방 체제에 편입될 수 있었다. 우리 젊을 때는 이렇지 않았다고, 정말 치열했었다고 회고하고 훈계하는 모든 기성세대들은 자신이 이 '굴곡진 역사'에서 뜻하지 않은 수혜자였음을 직시하지 않으면 안 된다.

이제 세상이 많이 변했다. 글로벌 선진자본주의의 일원이 된 부르주아와 고학력 전문직의 신중간계급으로 이뤄진 한국사회의 지배층은 부의 세대적 계승, 계급 재생산의 든든한 울타리를

치는 데 성공했다. 군부독재 시절처럼 더이상 정치권력의 종속
변수도 아니다. 두개의 거대정당과 이들의 이해관계는, 부분적
으로 갈등하면서도 큰 틀에서 같은 방향으로 향한다. 다시 말하
면 근본적인 정치적 변혁을 통해 지위가 흔들릴 걱정도 없다. 이
들은 더이상 격변 따위는 없다고 당당하게 선언한다.

　그렇다면 이제 어떻게 해야 할까? 쉬운 답은 없지만 '청년'이라
는 이름과 이별해야 할 때가 온 것은 분명하다. 사실 좀 늦었다.
가난해도 열심히 일했고, 폭압 속에서도 투쟁했다던 20세기 청
년의 신화에 작별을 고해야 한다. 청년의 신화시대는 돌아오지
않는다. 청년의 목소리에 귀 기울이되, 청년을 내세우는 세대담
론과 선을 그어야 한다. 청년 일반과 기성세대 일반을 대립시키
는 시도들에 질문을 던져야 한다. 한편에 전문직 부모의 전폭적
인 지원 아래 관리받고 성장하면서, 부모의 자산과 지위를 물려
받는 일군의 청년들이 있다. 다른 한편에 중하층 이하의 가정에
서 자라며 국가장학금과 아르바이트해 번 돈으로 대학 나와 중소
기업을 다니거나, 공장에서 일하는 또다른 청년들이 있다. 그들
이 어떻게 하나의 집단일까? '모든 약자들의 연대'라는 새로운 전
망 속에서 '젊은 약자'들의 처지를 의제화하고 공감의 폭을 넓혀
야 한다. 청년에게 안녕을 고하고, 젊은 약자에게 안녕을 물어야
한다.

투쟁에서 경쟁으로 달려온 86세대의 학형에게

학형이라는 불편한 인사말

학형, 하고 당신을 불러봅니다. 이 말이 불편하실 것도 같네요. 저도 그렇습니다. 주로 학생운동권에서 쓰인 말인데다 남성을 기준으로 한 어휘이기도 하니까요. 그 불편함을 무릅쓰고 일부러 학형이란 말을 씁니다. 그 시절의 영광과 부채를 모두 떠올리려고 이제는 어색하기 짝이 없는 이 호칭을 씁니다. 저는 학형의 삶을 모릅니다. 잘나가는 유력 인사인지, 명퇴하고 치킨집을 몇번 말아먹은 서민인지, 혹은 경력이 단절된 주부인지 전혀 모릅니다. 그래도 세상은 우리를 폭력적으로 한데 묶어 86세대라고 부릅니다. 처음에는 386이라고 부르더니 486을 거쳐서 지금은 586이 되었습니다. 그냥 86세대라고 부르기로 하지요.

사실을 고백하자면 저는 이 말이 처음부터 싫었습니다. 1980년대를 살거나 죽어간 수많은 삶의 결들을 학생운동권 엘리트들의 영웅서사로 축소해버린 이 어휘가 심하게 불편했습니다. 민주화운동기념사업회 홈페이지에서 '열사정보'를 찾아보면, 대학에 다닌 적 없는 수많은 노동자와 농민, 가난하고 평범한 이들의 삶과 싸움과 죽음이 기록되어 있습니다. 정치권과 미디어의 힘센 이들에게 관심을 못 끌 뿐이지요. 세기가 바뀌던 무렵, 이 용어가 함축하는 운동권 엘리트주의를 비판하는 책을 쓸까 생각한 적도 있습니다. 제 공부의 진척이 더 바쁘다는 이유로 결국 하지 않았지요. 그러니 저도 이 용어에 편승한 셈입니다. 그 업보로 마치 천형처럼 이 용어를 쓰려고 합니다.

이른바 메이저 대학 운동권 출신의 86세대라고 해서 모두 상위 중산층이 되고, 기득권이 되어 있을 리는 없습니다. 처음의 약속을 지키며 아직도 가장 낮은 곳에서 평생 민중으로 살아온 이들도 있지요. 약속을 지키는 이들이 존경스럽습니다. 그뿐 아닙니다. 기득권과 민중이라는 두 범주로 단순화할 수 없는 여러 사람들의 삶, 각자의 땀과 눈물이 있을 것입니다. 그러므로 다시 한번 86세대라는 말은 얼마나 앙상한 말인지요. 그럼에도 불구하고 이 말을 쓰는 이유는 이 말과 잘 이별하고 싶어서입니다.

86세대, 갑처럼 보이는 을?

학형도 우리 86세대에 대한 요즘의 비판 때문에 마음이 불편하겠지요. 세상은 어느새 우리를 기득권이라고 부르고 있습니다. 한국사회의 수많은 모순들을 우리 탓으로 돌리고 있습니다. 젊은이들, 특히 남성들이 우리를 그렇게 혐오한다고 합니다. 생각할수록 기가 막히는 노릇입니다.

물론 젊은이에게 희망 없는 세상이라는 건 우리도 잘 압니다. 단군 이래 최고의 '스펙'을 쌓아도 졸업 후 취직할 곳이 마땅치 않은 세상이 되었습니다. 부모 잘 만난 운 좋은 일부를 제외하면 연애도, 결혼도 쉽게 꿈꿀 수 없는 세상이 되어버렸지요. 원룸에 사는 고단한 솔로 비정규직이 정규적인 삶이 되어버렸습니다. 저도 학형도 젊은이들의 삶이 안타깝습니다.

세상을 이 지경으로 만든 게 누구일까요? 재벌과 수구보수 정치세력, 보수언론 같은 기득권 세력이라고 우리는 확신합니다. 그런데 청년들은 우리에게 돌을 던집니다. 이것이야말로 기득권자들의 음모가 아닐까요? 재벌과 독재의 후예들은 청년의 눈앞에 보이는 존재가 아닙니다. 그들은 한국사회의 지배 구조에 속하니까요. 반면 86세대는 청년들과 직접 마주치는 자리에 있습니다. 이를테면 직장의 꽤 높은 상급자, 심지어 인사권자이거나, 그들의 삶에 영향을 미치는 정책 결정 라인에 있거나, 대학에서 학생들에게 성적을 매기는 사람들입니다. 힘이 있는 건 사실입니다만, 그 힘이란 따지고 보면 보잘것없는 피고용인의 힘일 뿐이지요. 기업 임원이 높아 보이지만 언제든 잘릴 수 있는 파리 목숨 월급쟁이입니다. 고위공무원단 소속 공무원이면 고위직인 건 맞지만, 정권의 기조를 거스를 힘 따위는 없습니다. 교수가 권력자처럼 보이지만, 잡무에 논문 압박에 학교 등쌀에 얼마나 고달픈 인생인지요. 저처럼 대책 없이 그만두고 나오는 사람까지 나오는 상황입니다. 우리는 갑처럼 보이는 을일 뿐입니다.

그러니까 진짜 힘은 재벌, 수구보수 세력에 있는 것이지요. 우리는 아직도 이들이 지배하는 세상을 바꾸려고 애를 쓰고 있습니다. 하지만 사람들의 분노는 대개 보이지 않는 '구조'보다는 보이는 '사람'에게로 향하는 법인가 봅니다. 청년들의 분노가 진짜 기득권이 아니라 우리 세대에게 향하는 데는 이런 사정이 있겠지요. 더욱 가열차게 재벌개혁, 수구보수 세력의 궤멸을 위해 노력해야 하는 이유입니다.

기득권의 일부가 된 우리

쓰다보니 진짜 이렇게 믿어버리고 싶어질 정도로 막 설득력이 넘칩니다. 하지만 이게 진실의 전부는 아닐 겁니다. 학형과 저 사이에는 이야기해야 할 몇조각의 불편한 진실들이 더 있습니다.

이제부터 그 이야기를 하려 합니다.

　86세대는 젊은 시절엔 민주화에 기여했고, 정치에 진출해서는 최초의 수평적 정권교체와 민주세력 재집권의 한 축을 담당했습니다. IMF로 박살난 한국 경제계에서 벤처 신화와 정보화의 주역이 되었습니다. 한류 창출에도 일익을 담당했습니다. 가만있자, 이야기를 하다보니 이상합니다. 86세대가 단지 민주화운동만 벌였던가요? 그렇지는 않습니다. 그들은 '조국이 해방되고 민중이 주인되는 세상'을 만들겠다며 싸웠습니다. 불평등이 없는 대동세상을 만들겠다고 다짐했습니다. 4·19, 6·3, 민청학련 세대의 '불철저함'(!)을 비판하면서, 단지 민중을 위하는 것이 아니라 스스로 민중이 되겠다고 선언한 세대이기도 했습니다. 그러던 우리가 어쩌다가 정보화와 벤처 신화, 한류의 주역이 되었다는 말인가요?

　새삼스럽지만 그 시절의 기억을 떠올려봅니다. 1980년대 말, 1990년대 초를 거치면서 사회주의권이 몰락했습니다. 막연하게나마 동경하던 대안의 세계가 무너진 다음, 방황은 필연적이었지요. 현실 사회주의가 몰락했지만 사회주의의 이상 자체는 여전히 소중하다고 믿은 소수가 있었습니다. 대다수는 사회주의의 전망은 젊은 시절 한때의 환상이었다며 포기하고, 좀더 인간적인 자본주의 사회가 대안이라고 믿게 되었습니다. 규칙을 지키는 시장, 따뜻한 복지, 기회가 공평하게 분배되고 상식이 통하는 사회 정도의 비전이 아니었을까 싶습니다.

그리고 곧 IMF 사태가 닥쳤지요. 그전 수십년간 한국사회를 지배했던 권위주의적 개발독재 체제의 근간이 무너지고 부정당했습니다. 개혁은 모두에게 필수가 되었습니다. IMF는 한국사회에 무자비한 시장주의 개혁을 요구했고, 집권한 민주세력은 그 요구를 수용했습니다. 엄청난 고통이 뒤따랐지만 이참에 시장의 힘을 빌려 낡은 권위주의를 타파한다는 전략이 폭넓게 공유됐습니다. 86세대는 누구보다 재벌체제를 증오했습니다. 예전에는 민중을 착취한다는 이유로 증오했다면, 이후로는 재벌체제가 반시장적 특권 체제라는 이유로 증오했습니다. 아마도 86세대는 한국 역사상 최초로 자유경쟁시장의 진정한 찬미자가 된 세대일 것입니다. 86세대는 기성 체제에 투항하지는 않았지만, 투쟁하지도 않았습니다. 대신 경쟁했습니다. 새로운 가치를 내세우기보다는 그들보다 더 가치 있고 유능하다는 걸 입증하려 애썼습니다. 바야흐로 경쟁의 시대가 열린 것이지요.

86세대는 착취를 증오하고 노동과 사람이 소중하다고 믿었습니다. 이 믿음은 어느새 '인적 자본'의 경쟁력 강화에 대한 신념으로 바뀌어갔습니다. 김대중 정부와 노무현 정부를 거치면서 사람의 경쟁력에 대한 투자가 국가전략이 되었습니다. 대학에서는 이 무렵부터 상대평가 의무화, 학사관리 엄정화, 등재지 제도 도입, 논문 업적 계량화 등 대학경쟁력 강화 담론과 정책이 뿌리내렸습니다. 놀고먹는 교수들에 대한 비판이 좌우합작으로 드높아졌습니다. 첫 장에서 고백했듯이, 제가 비판적 지지를 보냈던 바로 그 개혁입니다. 더불어 대학의 비판정신도 뿌리부터 잘려나가기 시작했지요.

86세대는 "앞서서 나가니 산 자여 따르라"고 노래했습니다. 이어서 "산업화엔 뒤졌지만, 정보화엔 앞서가자"고 외쳤습니다. 투쟁에서 앞섰듯이 경쟁에서도 앞서고 싶어했습니다. 한미 FTA 협상 문제로 들끓던 무렵, 여의도와 강남 같은 곳에서 활동하며 '앞서서 나가던' 86세대들이 "그럼 경쟁하지 말자는 거냐?"며 반대자들을 우물 안의 개구리, 쇄국주의자로 몰아붙이곤 했습니다. 당혹스러운 기억입니다.

86세대가 젊은 날 꿈꾸던 시대정신은 결국 '사람 사는 세상'이었지요. 그 꿈은 어느덧 '경쟁력 있는 사람 사는 세상'으로 바뀌어 갔습니다. 물론 86세대답게 모두 함께 경쟁력을 키우자고 외쳤습니다. 그래서 모두가 경쟁력에 '올인' 하는 세상이 되었습니다.

어느 세대나 마찬가지겠지만, 86세대는 그냥 나이가 들면서 기성세대가 된 것이 아닙니다. 한국사회의 개발독재 체제를 지금의 신자유주의 무한경쟁 체제로 바꾸고 합리화하는 데 순응하고 협력한 지배체제의 일부입니다. 일부 지점에서 이견을 제출하고 부작용을 줄이려 애썼다는 것까지 부정하지는 않겠습니다. 그렇다고 해도 전체 그림은 달라지지 않습니다. 지금의 청년세대는 86세대가 만들어온 세상에서 태어나 자란 이들입니다. 유아차를 떠나던 순간부터 우리가 경쟁으로 내몰고, 그중 다수를 경쟁에서 탈락시킨 세대이기도 합니다. 재벌과 투쟁이 아니라 경쟁하면서, 재벌과 함께 이런 세상을 만들었습니다.

86세대가 지배체제의 일부가 되었음을 정직하게 인정하는 것이 필요하다는 생각을 해봅니다. 우리 세대의 가장 큰 문제는 이미 기득권자가 되었음에도 좀체 그것을 인정하지 못한다는 데 있습니다. 보수정권에 맞서 촛불을 들었다고 '체제'에 저항한 것일까요? 아니오, 우리가 이끄는 조직에서 촛불을 든 약자에게 취하는 태도가 사실 더 중요한 기준입니다.

이는 지배체제의 일부로서 책임감을 갖자는 말이기도 합니다. 데모도 못하는 놈들이라며 청년세대를 비난하기 전에, 왜 그들을 투쟁보다는 경쟁으로 내몰았는지 성찰해야 합니다. 재벌과 독재의 후예 세력을 방패 삼아 우리의 허물을 가리기 전에, 우리가 탈락시킨 청년세대들, 나와의 경쟁에서 탈진한 동세대의 벗들과 무엇을 나눌지 고민해야 합니다.

미국의 싱크탱크인 브루킹스연구소의 경제학자인 리처드 리브스Richard Reeves라는 사람이 쓴 『20 VS 80의 사회』(김승진 옮김, 민음사 2019)라는 책이 큰 화제가 된 바 있습니다. 책의 논지는 간결합니다. 상위 20%에 속하는 중상층은 상위 1%야말로 진짜 기득권 집단이라고 주장하며, 자신들을 하위 80%와 동일시하곤 합니다. 하지만 실제로 가장 큰 불평등은 상위 20%와 그 아래 80% 사이에서 존재한다는 것입니다. 상위 1%가 문제라고 비판하는 불평등 담론으로는 실제 불평등을 줄일 수 없다는 주장이지요. 상위 20% 중상층의 영향력은 의외로 막강합니다. 리브스에 따르면 기자, 싱크탱크 연구자, 교수, TV 프로듀서 같은 이들이 모두 이 중상층에 속합니다. 이들은 고학력에 고소득 직종 종사자들입니다. 자녀 교육에 혼신의 힘을 쏟고, 유리한 조건으로 대출받아 주택을 구매해서 자산을 늘려갑니다. 그렇게 지위를 계승시키고 불평등을 확대재생산합니다. 그에 대한 자의식이나 반성 따위는 없습니다.

이 책을 읽다보면 자꾸 우리 세대의 지금이 떠오릅니다. 대학에 재직하던 시절, 연봉 1억원이 넘고 배우자도 고소득 전문직인 정규직 교수들이 상투어구처럼 "우리 같은 서민들이…" 같은 표현을 쓸 때마다 당혹스러웠습니다. 궁상을 떠는 건 아니지만, 서민이라는 말이 입에 붙은 이들이 많습니다. 이런 표현이 얼마나 현실성이 있을까요? 과도한 일반화의 우려를 무릅쓰고 표준화를 해보겠습니다. 이들은 앞장에서 살펴본 것처럼 대개 상위 중산층에 속합니다. 자산도 소득도 꽤 높습니다. 그런데 자녀교육으로 나가는 지출이 너무 크지요. 조기 유학과 강남 사교육 투자가 흔한 집단입니다. 자녀 한명에 1년 수천만원 이상의 교육비를 투자하는 일이 보통이지요. 자녀가 두명 이상이면 그야말로 빠듯해집니다. 삶이 '풍요롭다'고 할 정도로 넉넉하기는 어려운 이유입니다. 여기까지 이야기하다 문득 다시 생각하게 됩니다. 저런 삶을 하위 80%의 눈으로 본다면 어떨까? 별세상의 이야기지요. 넘어설 수 없는 사차원의 벽입니다. 민주화운동에 헌신하고, 한때 민중이 되겠다고 다짐했다는 86세대 상위 중산층의 삶이 저것과 크게 다르지 않습니다.

무엇을 나눌 것인가

 86세대가 기득권이 됐다는 사실이 옛날식 표현으로 '역사의 반동' 같은 존재가 되었다는 말일 수는 없습니다. 그럴 리가요. 저는 오히려 '책임감'이라는 단어를 자꾸 떠올리게 됩니다. 이 사회에서 중요한 역할을 수행했고 지금도 하고 있다는 자부심만큼이나, 지금의 이 불평등하고 고통스런 세상을 바꾸는 데 책임이 있다는 자각 말입니다.

책임을 지는 방법은 다양하겠지만, 여기서는 딱 한가지만 생각해보고 싶습니다. 86세대는 우리 사회가 복지국가로 나아가야 한다는 데 대부분 공감할 것입니다. 문제는 늘 그렇듯 엄청난 재원을 어디서 마련할 것인가이지요. 사람들은 곧잘 말합니다. 법인세를 올리고, 재벌에게는 부유세를 매기고, 상속세도 올려야 한다는 식으로요. 하지만 연구자들은 온갖 방법으로 계산해봐도 그 정도로는 복지국가가 되기 어렵다고 말합니다. 결국 인구 대다수를 차지하는 중상층부터 서민까지, 그러니까 보통 사람들이 지금보다 많이 내는 수밖에 없다는 것이지요. 아시다시피 한국은 세금 부담도 낮고, 복지도 약한 사회입니다. 처지가 어려운 사람들이 좀 덜 힘들게 사는 세상을 만들려면 상위 1%만이 아니라 20%가 지금보다 꽤 많이 돈을 내야 합니다. 바로 우리 86세대가 그 사람들입니다. 알고 보면 나도 서민이고 어렵다며 쏙 빠지고 재벌, 수구보수 세력만 기득권이라고 탓해서는 세상과 화해할 수 없습니다. 나도 개혁의 대상입니다.

학형에게 책임지지 못할 말, 정치적으로는 무기력한 말을 해버렸습니다. 그래도 학형이 조금 공감해주면 좋겠습니다. 이대로 그냥 또 한번의 기득권으로 역사에 기록되기에 그 무렵의 아스팔트는 몹시 뜨거웠고, 밀실은 아득히 어두웠습니다. 그때 염원하던 '사람 사는 세상'의 꿈을 지금의 현실에 비춰보자고 굳이 학형이라는 호칭으로 당신에게 말을 걸었습니다. 내게 힘이 생기면 세상을 바꾸리라고 다짐하던, 광장과 공장을 떠나 도서관으로 향하던 그 어느 새벽의 시린 결심을 같이 떠올려보자고 말을 걸었습니다. 제 말이 상처가 되지 않았기를 바랍니다. 들어주셔서 고맙습니다.

2부
민주주의 리부트?

세월호, 붕괴하는 사회의 징후일까?

세월호, 사고에서 사건으로

세월호 사건이 한국사회에 미친 영향은 통상적인 '재난'을 훨씬 뛰어넘는다. 사고 이듬해인 2015년, 광복 70주년을 맞아 『한겨레』가 실시한 특별 여론조사를 보자. 광복 이후 가장 중요한 역사적 사건으로 50대 이상은 한국전쟁을 꼽았다. 반면 40대 이하는 세월호 참사를 꼽았다. 세월호는 우리 시대의 한국전쟁이다. 한국전쟁처럼 세월호의 상처도 여전히 아물지 못하고 있다.

하지만 조금은 의아하다. 재난공화국이라는 말처럼 대형사고로 점철되어온 나라다. 희생의 규모만 따지자면 세월호보다 더 큰 사고도 있었다. 그 많은 사고들은 우리 시대의 구조적 문제점들, 즉 위험사회에서 재난의 대형화, 한국자본주의의 천박함, 국가권력의 무능과 부패 등을 공유한다. 그러니까 세월호를 이전의 대형사고와는 매우 다른, 피비린내 나는 내전과 같은 상처로 만든 다른 요인들이 있었다. 거기에 대해 깊이 사유하지 않으면 안 된다.

단도직입적으로 말하자. 세월호가 비극적인 사고에서 내전급의 사건으로 전화하도록 도발한 쪽은 당시의 집권 보수세력이었다. 청와대와 정부여당을 포함한 권력기구, 보수언론, 극우보수세력 들이 통일전선을 폈다. 놀랍게도 참사 당일부터 도발이 시작됐다. 유족이 모인 진도체육관을 찾은 교육부장관이 황제라면 사건으로 비난받자 청와대 대변인은 통상적인 유감 표명 대신 "계란을 넣은 것도 아닌데…"라는 상식 밖 옹호로 맞섰다. 4월 17일, 해경의 간부는 초기 대응이 미진하지 않았느냐는 기자들의 질문에, "해경이 못한 게 뭐가 있나? 80명 구했으면 대단한 것 아니냐?"며 적반하장 눈을 부라렸다. 4월 23일, 김장수 국가안보실장은 청와대 대변인을 통해 "(청와대 국가안보실은) 재난의 컨트롤타워가 아니다"라고 선언했고, 7월 10일, 국회에 출석한 김기춘 청와대 비서실장은 이 입장을 거듭 확인했다. 5월 9일, 박근혜 대통령은 세월호 사건으로 경기가 침체라며, "어렵게 살린 경기회복의 불씨까지도 꺼질 우려가 있다"고 전사회적 애도 분위기에 경고를 보냈다.

세월호 사건에서 매우 두드러진 특징은, 통상의 재난사고에서는 상상하기조차 어려운 희생자 가족을 향한 비난이, 그것도 매우 일찍부터 시작됐다는 점이다. 당시 새누리당 정몽준 의원의 아들이 실종자 가족을 겨냥해 "국민 정서 자체가 굉장히 미개"하다고 페이스북에 썼던 날이 언제였을까? 고작 사고 이틀 후인 4월 18일이었다. 가족들이 제정신이 아니었을 때다. 4월 20일에는 한기호 당시 새누리당 최고위원이 나섰다. 그는 페이스북에 "이제부터는 북괴의 지령에 놀아나는 좌파 단체와 좌파 사이버 테러리스트들이 정부 전복 작전을 전개할 것"이라며, "국가 안보조직은 근원부터 발본색출해서 제거하고, 민간 안보그룹은 단호히 대응해나가야 한다"고 썼다. 같은 날 새누리당 권은희 의원도 페이스북에 실종자 학부모가 마이크를 잡은 동영상을 올려놓고, 밀양 송전탑 반대 시위자가 실종자 가족 행세를 하며 정부를 비난하고 있다고 주장했다가 사과를 해야 했다. 극우 논객 지만원은 참사 6일 뒤인 4월 22일, 자신의 웹사이트에 올린 '박근혜, 정신 바짝 차려야'라는 글에서 "시체장사에 한두번 당해봤는가? 세월호 참사는 이를 위한 거대한 불쏘시개"라고 썼다가 고발을 당했다. 이어서 서울의 한 사립대 교수는 페이스북에 "대통령이 세월호 주인인가? 왜 유가족은 청와대에 가서 시위하나. 이래서 미개인이란 욕을 먹는다"고 했다가 후폭풍을 맞았고, 박상후 당시

MBC 전국부장은 "뭐 하러 거길 조문을 가. 차라리 잘됐어, 그런 X들 해줄 필요 없어"라며 막말을 했다. 계급적 혐오를 드러내는 주장도 나왔다. 한국기독교총연합회 부회장 조광작 목사는 임원 회의에서 "가난한 집 아이들이 수학여행을 경주 불국사로 가면 될 일이지, 왜 제주도로 배를 타고 가다가 이런 사달이 빚어졌는지 모르겠다"고 말했다가 거센 비판에 직면했다. 그래도 막말은 끊이지 않았다. 외려 점점 도를 더해갔다.

기억도 생생한 일이지만, 유가족 김영오 씨(유민 아빠)가 단식투쟁을 하던 2014년 9월 6일에는 '일간베스트 저장소'(일베)와 자유청년연합 회원들이 이른바 '폭식투쟁'을 벌였다. 참담한 일이었다. 이어서 '서북청년단 재건준비위원회'라는 단체가 등장, 유가족과 반정부 선동세력의 눈치를 보고 있는 정부를 대신해 추모의 노란리본을 직접 떼겠다고 나서기도 했다.

분명히 확인하고 주목해야 할 지점이 있다. 이 모든 '공격'이 희생자 가족들이 어떠한 정치적 행동도 보이지 않던 사고 직후부터 과감하게 이뤄졌다는 것이다. 2014년 6월 지방선거를 앞두고 시민단체와 야당은 오히려 세월호 사건 개입에 극도로 신중하게 대응했다. 세월호를 정치적으로 이용한다는 역공을 받을 수 있다는 걱정 때문이었다. 반면 보수세력은 세월호를 빌미로 정치적 내전을 벌이는 데 거리낌이 없었다.

세월호와 가장 유사한 재난으로 1993년 10월 10일에 발생한 서해훼리호 침몰사고를 꼽을 수 있다. 악천후 예보에도 불구하고 정원을 141명이나 넘긴 채 출항한 서해훼리호가 결국 침몰, 292명이 사망한 참사다. 이 대형 재난 앞에서 권력은 어떤 태도를 취했을까? 김영삼 당시 대통령은 사고 이틀 뒤 사고 현장과 희생자 분향소를 방문해 유가족을 위로하고, "국민께 진심으로 죄송하다"며 사과했다. 사고 9일째에는 교통부장관, 해운항만청장 등 고위 책임자들을 해임하고, "대통령으로서 책임을 통감한다"는 대국민사과문을 발표했다. 사태 초기에 농성 유가족과 경찰의 충돌이 있었지만, 큰 충돌로 비화하지는 않았다. 보상 관련 갈등도 커지지 않았다. 요컨대 이 사고는 내전은커녕 사건으로도 비화되지 않았다.

　돌이켜보면 군사독재 정권조차 참사 앞에서는 위무의 시늉을 했다. 문민정부 이래로는 말할 나위도 없다. 성수대교 붕괴사고도, 대구지하철 공사장 가스폭발사고도, 삼풍백화점 붕괴사고도, 대한항공기 괌 추락사고도, 씨랜드 화재사고도, 대구지하철 화재사고도, 결국 사고로 끝났다. 그때마다 한국사회의 안전 불감증, 자본의 탐욕, 권력의 무능, 부정부패, 비리가 총체적으로 문제시되었지만, 사고는 사고로 남았다. 언론은 권력과 자본을 비판했고, 권력은 사과와 함께 누군가에게 책임을 지웠다. 시민들은 애도에 동참했다. 희생자나 유가족에 대한 비난은 상상할 수조차 없었다. 이들 재난은 한국사회의 치부를 폭로한 만큼이나 잠시간 재난을 당한 자들의 고통에 공감하는 '감정의 공동체'를 만들어냈다.

세월호 사건의 경과는 매우 다르다. 권력은 사과를 사실상 거부하고 진상규명을 방해했으며, 보수언론은 끊임없이 유족을 폄훼했고, 우익은 정면도발을 감행했다. 대다수 유족은 권력과 우익의 공격에 맞서 의연한 투쟁의 자세를 굽히지 않았고, 진보적인 시민사회 대중은 이들과 강력하게 연대했다. 이윽고 대통령 탄핵소추 사유 중 하나가 될 정도로 엄중한 정치적 사건이 되었다.

세월호의 침몰 자체는 한국사회에서 비극적으로 반복되어온, 익숙한 대형사고였을 뿐이다. 하지만 이후의 경과는 돌이킬 수 없는 근본적 변화의 시작을 알리는 징후인지도 모른다. 이 글은 그것을 한국사회에서 '사회적인 것'the social의 붕괴 징후로, 사회적인 것과 외연이 동일한, 동연적인 것으로 간주되는 국민국가의 붕괴 징후로 읽고자 하는 실험적 시도다.

권력이 책임지는 유교왕조의 재난

비교를 위해 전통시대와 식민지 시기의 재난과 대응을 대략이

나마 살펴보자. 농경사회 조선에서 가장 큰 재난은 홍수와 가뭄이라는 천재天災였다. 특히 가뭄은 흉작과 기근을 낳는 심각한 위기였다. 가뭄에 대한 권력의 대처는 기우제 실행으로 집약된다. 기우제는 국가가 관장하는 국행의례였다. 권력은 가뭄의 심각성에 따라 정해진 기우제 의례를 실행했다.

고작 기우제가 대책이냐고 비웃을 수도 있겠다. 하지만 이를 절대자 신에 대한 은총의 희구 같은 맥락에서 이해하면 곤란하다. 유학-성리학의 전통에서 하늘天과 사람人의 관계는 그리스도교의 절대자 신과 피조물 인간 사이의 관계와는 매우 다르다. 성리학의 '천리'天理는 초월적 절대자의 불가해한 이치가 아니라, 천天과 이理를 하나로 간주하는, 즉 우주 자연의 현상이 어떤 이치 속에 있다고 간주하는 관점이었다. 따라서 재난의 시기에 인간이 하늘에 바치는 제사는 신의 은총에 자신을 맡기는 복종의 의례가 아니라, 하늘에 대해 인간의 도리를 다하는 주체적 행위, 상보적 행위라는 측면에서 이해해야 한다.

그래서 기우제는 비는 못 내릴지라도 재난의 책임 소재를 명확히 했다. 국왕과 지방의 수령들은 경향의 사직단에서 도리를 다하지 못했음을 참회하고 하늘을 달래야 했다. 그들이 달래고자 한 대상이 하늘이기만 했을까? 정작 그들이 달랜 쪽은 민이었다. 하늘의 이치를 파악하지 못하고 인간의 도리를 다하지 못했으니, 재난은 권력의 직접 책임이었다. 달리 말하면 재난과 관련하여 국가권력에 매개되지 않는 사회의 독자적인 소임, 역할 따위는 존재하지 않았다.

대홍수와 사회의 부상

20세기가 되자 사정이 달라졌다. 1925년 7월, 서울에 대홍수가 났다. 그 유명한 을축년 대홍수다. 서울의 사망자만 404명, 9월까지 계속된 전국의 수재로 사망한 사람들이 647명, 재산 피해액은 총독부 1년 예산의 60%에 육박하는 1억 300만원에 달했다. 이 대형 재난 앞에서 아마도 역사상 최초였을 전사회적 재난공동체가 출현한다. 각지의 청년회, 노동회, 농민회, 의사회, 언론사 들이 구호반을 편성해서 이재민들을 도왔고, 신문의 지면은 몇달 동안 수재의연금품 기사로 가득 찼다. 총독부는 피해자들에게 40만원의 감세를 내세우며 재난을 위무하는 시늉을 했다.

1934년 7월 24일, 이번에는 삼남지방에 대수재가 나서 사망 237명, 실종자·부상자 포함 676명의 인명 피해가 났다. 23만여명이 이재민이 되었다. 다시 거대한 구호의 손길이 쏟아졌다. 총독부는 대수재 모금을 돕는다는 명목으로 다른 명목의 모금을 당분간 금지했다. 총독부는 때로 애도의 수위를 조절하고 통제하려 했지만, 애도 자체를 막지는 않았다.

애도의 사회화에는 '민족언론'들이 앞장섰다. 삼남대수재 때 『동아일보』는 연말까지 200개 가까운 기사를 실었다. 『조선일보』는 취재를 위해 사상 최초로 비행기를 대여했고, 공중 촬영한 참상을 대대적으로 게재하고, 순회 상연까지 했다. 언론은 수재를 통해 자사의 진정성을 과시했다.

때는 일제강점기였다. 권력의 책임을 과감히 추궁하지 못했다. 대신 재난의 수습 무대에서는 약하고 슬픈 민족의 아름다운 연대가 연출되었다. 희생자들의 슬픈 사연이, 구호에 나선 이들의 사투가, 이어지는 의연의 손길들이 지상을 아로새겼다. 익명의 인간들이 서로 손을 잡았다.

이광수의 『무정』에 나오는 삼랑진 수해 장면에서는 수재민과 주인공들 사이에서 타인의 아픔에 공감하는 수평적 연대가 이뤄지고 있다. 이기영의 『홍수』에서는 "서로 처지가 똑같은" 우리가 "일심합력만 하게 되면 저 강물과 같이 큰 힘을 낼 수가 있"다며 서로를 위로한다. 이 서사들 속에서 재난은 개인과 지역을 뛰어넘는 전조선적 운명공동체라는 감각을 마련하는 전기가 되었다. 사회라는 형식의 새로운 인간관계에 대한 상상력이 대두하고 있었다.

전통시대와 달리 이 새로운 인간관계는 국가권력의 관장 아래 있지도 않았고, 공동체적 인간관계에 종속되지도 않았다. 익명의 인간관계망 속에서 남남에 불과한 사람들이 자신의 직능을 통해 수습과 애도에 나섰다. 사회에서 공통의 소속의식을 매개하는 것은 상이한 직능의 관계망이었다. 언론은 취재와 의연금품 모집으로, 의사들은 구호 활동으로, 악사들은 순회 연주로, 학생들은 도보행진으로 애도의 사회화에 동참했다. 서로 다른, 심지어 대립하기도 하는 이해관계의 담지자들이 재난 앞에서 마치 전근대적 공동체처럼 하나가 된다고 느꼈다. 정치적·경제적으로는 적대적일 수도 있는 인간·집단들이 사회적으로는 하나로 통합되어 있다고 느끼는 감각, 이것이 바로 근대에 출현한 사회라는 이름의 인간관계와 그 상상력이 지닌 두드러진 특징이다.

재난의 '순기능'과 영원한 사회라는 상상력

매우 불편한 시각이기는 하지만, 기능주의 사회학이 재난을 사회통합을 위한 순기능의 기회로 보는 데는 일말의 진실이 있다. 재난은 위기의 순간에 사회의 구성원이 누구인지를 가시화하여 그 경계를 확인하고, 이익을 뛰어넘는 정서의 공감과 공속의식을 체험하게 함으로써 사회를 '통합'하는 계기가 된다. 이 통합을 바탕으로 사회는 목표를 달성해나간다.

재난의 시기에 애도에 동참하는 자들이 사회의 경계 안쪽을 채운다. 처벌받거나 비난받되 참회하는 자들은 경계 안으로 복귀

하도록 허락받는다. 용서받지 못하는 자들은 적이 되어 사회 바깥으로 내쳐진다. 충격과 슬픔, 애도와 참회, 비난과 처벌, 용서와 맹세, 이것들이 바로 '애도의 사회화'라는 사회극의 플롯이다.

물론 실재의 사회 과정에서 이 플롯은 때로 실패하고 순기능이 역기능으로 전화하기도 한다. 재난이 사회 붕괴로 이어지기도 한다. 그렇다 하더라도 재난이 사회의 '정상적 과정'이며, 재난을 통한 사회의 재통합이 필수적인 절차라는 사실은 바뀌지 않는다.

재난에 대한 이런 이해의 심층에는 사회와 국가의 관계에 대한 매우 근본적인 상상력이 내재해 있다. '사회'는 근대와 더불어 발생한 역사적으로 특유한 인간관계와 상상력의 복합체다. 사회의 출현 자체가 근대의 중요한 특징이 된다. 시간적으로는 국가가 사회에 선행한다. 하지만 근대의 상상력 안에서 이 선후관계는 전도된다. 사회가 국가에 선행하며, 국가가 생겨나고 출현하는 태반이자 실재라고 상상된다. 이 상상력의 집약이 바로 사회계약론이다. 국가는 사회계약의 산물이다. 영원한 실재인 사회 위에 국가가 상부구조로 서게 된다. 국가는 붕괴할 수도, 소멸할 수도 있지만 사회는 영원하다. 이것이 근대 이후의 지배적 상상력이다. 상상력이라고 해서 허상이라는 말은 아니다. 그렇게 믿는 만큼 현실에 작용한다.

사회 붕괴를 향한 내전 도발, 어떻게 할 것인가

세월호 참사 이후 한국의 보수세력은 유가족과 대결하고 사태를 정치적 대결로 몰아갔다. 애도의 사회화와 재통합을 거부하고 분열과 대립의, '반사회화'의 정치를 밀어붙였다. "사회가 굳이 통합될 필요는 없다"고 선언한 셈이다. 이 사태가 박근혜 정권이라는 유례없는 막장 정권의 무능력이나 판단착오에 기인한 에피소드였는지, 아니면 한국사회 보수세력의 핵심이 암묵적으로 합의한 근본적인 통치 전략 변화의 징후였는지 확언하기는 어렵다. 주지하다시피 박근혜라는 인물은 한국 역사상 최초로 대통령직에서 탄핵됐고, 그 정권의 정통성은 부정됐다. 보수세력 일부조차 탄핵에 동조했고, 폭넓은 탄핵연합이 형성됐다. 에피소드였을 수도 있다는 말이다.

하지만 그렇지 않을 수도 있다. 애도의 반사회화에 앞장선 쪽이 반드시 정권의 내부자들만은 아니었다는 사실에 유념하자. 적반하장 격의 비난과 망언은 사태 초기에 정권의 외부에서 먼저 시작되었고, 보수세력 전반에 광범위하게 확산되었다. 그들은 세월호 참사를 정치적으로 극단화하는 데 어떤 주저도 없었다.

따지고 보면 세월호 참사만은 아니다. 박근혜 정부의 통치행위들은 전형적인 '두 국민 전략'에 기초했다. 확고한 지지층에 기반하여 나머지 국민을 배제하는 이 전략에 보수세력은 대체로 지지를 보냈다. 물론 이것은 튼튼한 고정 지지층을 가진 정치세력이 곧잘 사용하는 전략이라는 점에서 특별히 새롭지는 않다. 고정 지지층의 강력함이라면 뒤지지 않은 문재인 정부 또한 이 점에서는 크게 다르지 않았다. 세월호 참사에 대한 박근혜 정부와 보수세력의 대응에서 나타난 심각성은 이 두 국민 전략이 사회경제적 갈등 사안만이 아니라 '국민적' 재난에 적용되었다는 데 있다. 재난을 계기로 사회의 갈등을 봉합하고 공동체적 상상력을 복원하며 정치의 안정을 도모한다는 근대의 통치기술이 실종된 것이다. 어쩌면 이것은 20세기 초 이래 한국사회에서 강력하게 공유되어온 상상력이 무너지고 있음을 입증하는 현상일지도 모른다. '사회적인 것'과, 그와 동연적인 국민국가 안에서 우리는 하나라는 공속의식을 보수세력이 허물어뜨린 것이다.

물론 이전에도 사회적 배제는 중요한 통치 원리였다. 하지만 그때 배제는 통합과 변증법적 관계에 있었다. 배제된 자들, 위기에 빠진 이들은 지배질서에 순응하는 한 통합을 약속받았다. 실업자는 일자리로, 이재민은 집으로, 범죄자는 사회로, 각자에게 정해진 '정상'의 자리로 귀환하는 것이 마땅했다. 그것이 국가의 최소한의 존재 이유였다. 그 귀환이 여의치 않을 때 대중은 분노했고, 권력은 속죄양을 찾아 대중을 달랬다.

세월호 참사에 대한 박근혜 정권과 보수세력의 대응은 한국의 보수 지배세력이 그 임무를 공공연히 거부하려 한다는 사실을 폭로한다. 통합의 변증법은 더이상 작동되지 않는다. 사회학자 지그문트 바우만Zygmunt Bauman은 『쓰레기가 되는 삶들』(정일준 옮김, 새물결 2008)에서, 이제 쓰레기가 되는 삶들에게는 돌아갈 자리 대신 그냥 쓰레기 처리장이 기다리고 있다고 고발한다. 현대의 지배세력은 사회통합 비용보다 폐기물 처리 비용이 값싸다고 계산하고 있다는 것이다. 세월호 참사는 바우만의 통찰을 예시하는 극단의 사례일 것이다.

물론 세상의 모든 일들이 지배세력의 뜻대로 굴러가는 건 아니다. 세월호 참사에 대한 대중의 분노는 이후 촛불시위로 이어지며 정치적 격변을 낳는 씨앗이 됐다. 좁은 의미에서의 세월호 사건은 숱한 우여곡절을 겪은 끝에 이제 사회적참사 특별조사위원회의 최종보고서 발표를 앞두고 있는 상황이다. 하지만 세월호가 상징하는 정치적 함축은 그보다 훨씬 넓고 깊고 심대하다. 지배세력이 내전을 걸어왔다. 대중은 행동을 통해 저들의 손익계산이 틀렸음을 보여주었다. 저들은 반성했을까? 알 수 없다. 늘 경계해야 할 이유다.

합리적 보수는 언제 올까

한국 우파의 혁신 가능성에 대한 탐색

합리적 보수를 기다리며

'참보수' '따뜻한 보수' '개혁보수' '합리적 보수' 같은 말들이 있다. 새로운 보수세력에 대한 기대가 담긴 말들이다. 박근혜 대통령 탄핵 과정에서 일부 정치세력이 집권 블록을 이탈, 합리적 보수를 표방하며 독자 행보를 보였을 때 혹시 저 말들이 현실이 될까, 기대를 모으기도 했다. 결말은 초라하다. 이들은 고개를 숙이고 원대에 복귀했다. 대표자 격인 유승민은 '배신'의 원죄를 용서받지 못하고, 이즈음 사실상 정계를 떠나 있었다. 합리적 보수에 대한 기대 또한 차갑게 식었다. 한국 정치에서 진보좌파 정당이 여전히 자리잡지 못하고 있는 것처럼, 합리적 보수도 설 자리가 없어 보인다. 합리적 보수에 대한 갈증을 어떻게 해야 할까?

합리적 보수의 등장을 고대하는 한국인의 심리에는 어떤 역사 서사가 자리잡고 있는 것 같다. 조선 후기부터 일제강점기를 거쳐 현대 한국에 이르기까지 실패와 왜곡으로 점철된 역사라는 좌절의 서사다. 노론, 친일파, 독재세력, 그리고 현재의 보수정당 등 보수를 자칭한 세력은 단지 수구·반동에 기회주의·매국 세력일 뿐, 참된 '보수주의자'였던 적이 없다. 합리적 보수가 성장해서 이들을 대체하지 않는 한 한국 정치의 진전은 불가능할 것이라는 믿음이다.

참된 보수주의자들을 재조명하는 저작들이 화제가 되는 것도 이런 믿음, 열망을 잘 보여준다. "우리 역사에도 참된 보수주의자가 있는가?"라는 도발적인 질문으로 시작되는『보수주의자의 삶과 죽음』(동녘 2010)은, 장준하·김병로·이회영·황현·유형원·최영 등 여섯 인물의 삶을 통해 한국 보수주의의 가능성을 찾는다. 예를 들어 우익 민족주의자 장준하의 독립운동과 반독재투쟁을, 반공주의자 김병로 전 대법원장의 인권옹호를, 영남 명문가 출신 이회영의 독립운동과 노블레스 오블리주를 재조명하는 식이다. '친일하지 않은 우익'인 학병세대들을 한국 우익의 기원으로 설정하면서, 우익의 계보학을 다시 그려낸 김건우의 저작『대한민국의 설계자들』(느티나무책방 2017) 또한 비슷하다.

에드먼드 버크의 사상과 "소망 없는 정치"로서의 보수주의

한국에서 합리적 보수 출현의 가능성을 따져보기 전에 우선 서구 보수주의의 등장과 변화 과정부터 짚어보자. 서구의 역사 과정을 우리 자신을 이해하기 위한 보편적 참조점으로 삼는 방식처럼 보일 수도 있겠다. 사실은 서구 보수주의의 '정상성'에 대한 우리의 상식적 믿음에 이의를 제기하기 위함이다.

보수주의 정치사상을 논할 때 전범이 되는 인물은 늘 영국의 정치가이자 사상가 에드먼드 버크Edmund Burke다. 버크는 프랑스 혁명이 목하 진행되고 있던 1790년에 『프랑스혁명에 관한 성찰』(Reflections on the Revolution in France)을 썼다. 이 책으로 그는 사회주의의 카를 맑스나 자유주의의 존 스튜어트 밀John Stuart Mill처럼 '보수주의의 예언자'가 되었다. "지난 2세기 동안 전개된 보수주의의 중심 논지는 특별히 혁명기의 프랑스에 관해 버크가 제시한 논지의 확장에 지나지 않는다." 보수주의 연구의 권위자인 사회학자 로버트 니스벳Robert Nisbet이 자신의 저서 『보수주의』(강정인 옮김, 이후 2007)에서 내린 평가다.

젊어서 휘그당 소속으로 자유주의에 경도되었던 이 영국 정치인에게 프랑스혁명은, "인류 역사상 가장 경악할 만한 사건"으로 비쳐졌다. 버크는 사회를 자신들의 이념에 따라 개조할 수 있다는 혁명 지도자들의 기하학적 설계주의가 끔찍했다. 세상은 자기 생각대로 그렇게 쉽게 바뀌지 않는다. 오래된 전통에는 그만한 이유가 있기 마련이다. 우리는 겸손해져야 한다. 우리는 우리 세계의 완전한 소유자나 지배자가 결코 아니고, 단지 "일시적인 소유자이며 종신 세입자"일 뿐이다. 국가나 법은 "살아 있는 자들 사이뿐 아니라 산 자와 죽은 자들, 그리고 태어날 자들 사이의 동업"을 통해 존재한다. 자신의 시대에 대한 배타적인 소유자처럼 굴어선 안 된다.

오래된 것이라는 점에서는 편견에도 합리성이 존재할 수 있다. "편견이라는 코트를 버려 알몸의 이성만을 남겨놓는 대신, 이성이 포함된 대로 편견을 지속하는 것이 더 현명하다." 그 편견의 대표적 사례가 종교일 것이다. "인간은 본성상 종교적 동물"이다. 정치와 종교를 분리하려는 프랑스혁명의 세속주의는 인간의 본성을 부정하는 과오가 될 것이다. 또한 "모든 사회는 다양한 종류의 시민들로 이루어지는 법이어서, 그중 어떤 부류가 최상위에 있기 마련"이고, 따라서 평등화는 사물의 자연적 질서에 대한 전복으로 귀결된다.

그러므로 우리에게 필요한 것은 유용성이 증명된 모델들을 존중하는 것, 혹시나 재건축을 시도할 때는 무한한 조심성을 발휘하는 것, "느리고 착실하게 뒷받침된 진전 속에서, 한걸음 한걸음" 나아가는 것, "보충하고, 조정하고, 균형 잡는" 것이다.

버크 사상의 신중함을 염두에 두면서 보수주의 정치학자 새뮤얼 헌팅턴Samuel Huntington은 보수주의가 다른 모든 이데올로기와는 달리 실체적 이상을 결여하고 있다는 데 주목한다. 보수주의에 관한 유명한 논문 「이데올로기로서의 보수주의」(Conservatism as an Ideology)에서 헌팅턴은 자유주의, 민주주의, 사회주의·공산주의, 파시즘 등 다른 모든 이데올로기들은 "정치사회가 조직되어야 하는 방법"에 관한 어떤 비전들을 가지는 반면, 보수주의에는 그런 종류의 프로그램이 없다고 강조한다. 보수주의의 본질은 "소망 없는 정치"다. 준거점이나 지향점으로서의 보수주의 이상이나 보수주의 유토피아 따위는 없다.

그래서 서구 보수주의의 역사를 장식하는 것은 정치적 열정의 뜨거운 오라aura가 아니라, 신중하고 우아한 우울함이었다. 1830~40년대 토리당의 지도자였던 로버트 필Robert Peel 이래로 모든 토리당(보수당)의 지도자들은 정치적 반대파들에게 미래는 그들의 것이라고 암묵적으로 동의해왔다. 보수주의의 역사는 가능한 천천히, 가능한 우아하게 양보하는 과정이었다.

현대 보수주의의 부상

마거릿 대처Margaret Thatcher는 이런 믿음을 공유하지 않은 첫 번째 보수당 지도자였다. 로널드 레이건Ronald Reagan은 보수주의 신념을 자랑스럽게 드러내고서 당선된 최초의 미국 대통령이었다. 대처와 레이건의 시대에 보수주의는 투쟁하는 신념이 되었고, 이전까지는 되어서는 안 된다고 믿어졌던 것, 요컨대 완전한 정치 이데올로기가 되었다. 보수주의에 실체적 내용이, 형이상학적 소망이, 유토피아가 생겼다.

보수주의의 이데올로기화에 결정적인 역할을 한 사상가로 자유주의자 프리드리히 하이에크Friedrich Hayek를 꼽을 수 있다. 하이에크에 의해 보수주의와 자유주의는 공통의 적에 맞서 싸울 명분과 논리를 얻었다. 「나는 왜 보수주의자가 아닌가」(Why I Am Not a Conservative)라는 글에서 하이에크는 보수주의가 아니라 합리주의적 자유주의를 주적으로 삼았다. 하이에크의 '진짜' 자유주의는 "자유로운 성장에 기회를 주는 대신 예정된 합리적 패턴을 세계에 부과하는" 가짜 자유주의와 대립했다. 보수주의는 오히려 우군이었다. 하이에크의 자유주의는 "이성에 대한 불신을 보수주의와 공유"했고, 그 자신 또한 "진화하는 제도들의 가치에 대한 사랑과 겸손한 연구"를 보수주의자의 사유로부터 배웠다.

물론 보수주의는 여전히 불충분했다. 하이에크가 보기에 보수주의는 "그 본성상 우리가 나아가고 있는 방향에 대한 대안을 제공할 수 없다. 보수주의는 현재의 경향에 대한 저항을 통해서 바람직하지 않은 발전을 늦출 수는 있겠지만, 다른 방향을 제시하지 못하는 한 그 경향의 지속을 막을 수는 없다. (…) '진보의 수레 바퀴에 달 브레이크'가 필요하다 해도, 나 개인적으로는 그저 브레이크를 거는 데 만족할 수는 없다." 요컨대 보수주의는 이데올로기 투쟁에 요구되는 무기를 결여하고 있었다. 방향을 가리킬 깃발이, "자유의 이데올로기"가 필요했다.

하이에크가 떠나온 유럽 대륙에는 오랜 보수주의의 전통이 있었지만, 미국에는 "가시적이고 용인된 문화적 보수주의"가 없었다. 미국에서 보수주의는 1940년대 중반에 시작하여 1950년대에 본격적으로 형성되기 시작했다. 1944년에 하이에크의 『노예의 길』(Road to serfdom)이 출판되어 상당한 반향을 일으켰고, 1940년대 말과 1950년대를 거치며 러셀 커크Russell Kirk, 로버트 니스벳, 레오 스트라우스Leo Strauss, 대니얼 부어스틴Daniel Boorstin 등의 보수주의 저작들이 출판되었다. 보수주의 저널이 탄생했고, 미국 기업연구소, 후버연구소 등이 활기를 띠고 활동하기 시작했다. 1960년대 신좌파의 부상과 학생혁명을 거치면서 신좌파의 주 공격 대상으로 지목된 자유주의자들이 전향을 시작했다. 하이에크식 자유주의와 보수주의가 결합하기 시작했고, 보수주의로 전향한 자유주의자들과 급진좌파에서 전향한 '트로츠키의 고아들'이 신보수주의의 이데올로그로 전화했다.

키메라 보수주의의 형이상학

미국에서 레이건 정부의 등장은 이처럼 30여년 이상 축적된 지적·문화적 헤게모니 투쟁의 결과였다. 동시에 1980년대 이래 세계의 보수화, 즉 신보수주의 내지 신자유주의의 확산을 가져온 결정적인 정치적 계기이기도 했다. 하지만 레이건의 승리에는 보수주의나 자유주의, 또는 보수주의와 자유주의의 결합이라는 이야기 이상의 무엇인가가 있다.

레이건과 공화당의 승리는 1932년 뉴딜연합에 기초한 프랭클린 루스벨트Franklin Roosevelt의 승리 이래로 가장 광범위한 정치적 연합에 기초한 승리였다. 루스벨트의 승리를 뒷받침한 것은 자유주의연합이 아니라 뉴딜연합으로 불렸다. 반면 레이건을 당선시킨 세력은 '보수주의연합'이라고 불렸다. 이 노골적인 보수주의 표방에도 불구하고 사실 그 연합은 극우파, 복음주의자, 자유지상주의자, 민중주의자, 호전주의자, 군비 축소를 주장하는 구파 보수주의자 등 심하게 이질적인 신념들로 가득 차 있었다. 예컨대 정부가 도덕심판소가 되기를 요구하는 도덕적 다수파 복음주의 운동가들과, 개인·가족에 대한 국가권력의 개입을 혐오하는 자유지상주의자는 상극이었다. 신보수주의는 마치 잡종 키메라처럼 무대에 등장했다.

니스벳은 『보수주의』에서 이 기묘한 혼란을 이렇게 표현했다.

"동화에 나오는 요술거울이 오늘의 워싱턴에 실제로 등장한다면, '그 모든 이들 중에서 누가 가장 아름다운 보수주의자인가?'라는 질문에 대한 각양각색의 대답을 위해 차라리 일종의 국가적 복권제도를 만드는 것이 가치가 있을 것이다." 니스벳은 이제 보수주의가 더이상 버크적 전통으로 귀속되는 본래의 보수주의가 아니라고 고백한다. 키메라 보수주의는 버크 대신 하이에크를 구루로 섬기고, 절제와 균형에 대한 온건한 설교 대신 '자유'와 '도덕'이라는 슬로건이 새겨진 깃발을 치켜들었다. 자유시장과 그리스도교적 도덕·가치가 보편적이고 형이상학적인 실체적 목표가 되었다.

신보수주의의 성립과 키메라적 잡종화의 과정에서 보수주의는 '자유의 이데올로기'와 결합함으로써 자유시장의 '형이상학'으로 퇴화했다. 원래 보수주의자들에게 자유시장은 오랫동안 골칫거리였다. 사적 소유권의 정당성이라는 관점에서는 보수주의자들도 자유시장을 옹호했다. 동시에 이성중심주의에 맞서고, 공동체에 대한 애착과 책임을 강조하는 보수주의자들이, 인간이 오직 합리적·이기적 동기에 따라 행동하는 개인, 즉 경제적 인간 homo economicus으로 존재할 뿐이라는 자유시장론자들의 교의를 받아들일 수는 없었다. 규제되지 않는 시장은 공동체를 파괴하고, 매매되어서는 안 될 가치들을 상품화함으로써 우리의 정서적 애착을 소멸시키는 리바이어던 같은 존재였다. 보수주의자에게 시장은 다루기 힘든 난제였다.

드디어 타협이 이루어졌다. 하이에크를 경유하며 자유시장을 조상과 이웃들의 지혜가 축적된 빛나는 '전통'으로 재해석하게 된 것이다. 전통은 단지 임의적 관습이 아니라 사람들이 자기 행동을 타인의 행동에 맞추려고 하다가 생긴 여러 시행착오의 잔여물이 담긴 축적물이다. 자유시장도 무엇을 생산하고 교환할지에 대한 자유로운 정보교환의 과정이자 축적물로 간주된다. 전통이 시간이 흐르면서 생기는 조정 문제를 둘러싼 자생적 해법인 것처럼, 자유시장은 생산과 교환을 둘러싼 문제를 해결하면서 진화해온 자생적 질서이자 조상과 우리 지혜의 축적물로 찬미된다. 이 지혜의 교환과 축적을 위해 시장의 자유는 옹호되어야만 한다.

물론 보수주의자들은 시장에 대한 사회적·도덕적 제약의 필요성 자체를 완전히 부정할 수는 없었다. 하지만 시장이 전통과 마찬가지로 축적된 자생적 질서라면 그런 제약은 관습, 법, 도덕 등의 형태로, 요컨대 전통의 형태로 이미 존재하기 마련이다. 따라서 축적된 지혜를 위협할 별도의 입법, 명령은 불필요하다.

현대 서구의 보수주의는 더이상 자유시장에 대해 양가감정을 갖지 않는다. 자유시장론자의 합리적 개인주의를 여전히 수긍하지 않은 채, 보수주의자들은 시장을 지키고 보전해야 할 '전통'으로, 그에 더해 공동체가 나아가야 할 '미래'로 자리매김하게 만드는 데 성공했다. 그 결과 서구 보수주의는 그리스도교라는 종교와 함께 시장을 새로운 종교로, 보편적 가치로 섬기는 형이상학의 길로 퇴화하고 있는 것이다.

한국 우파의 혁신 프로젝트와 뉴라이트 운동

한국에는 합리적 보수의 기본 전제가 결여되어 있다는 비판이 흔히 제기된다. 두가지 이유가 꼽히곤 한다. 첫째, 한국 정치사회를 지배한 우파는 오랫동안 폭력적 배제에 기초해 권력을 독점해왔다. 레이건과 대처 세력이 추진해야 했던 정교한 이데올로기적 헤게모니 전략이 한국의 지배세력에게는 불필요했다. 둘째, 정당성 없는 지배세력의 장기집권 아래, 한국사회에는 보수할 만한 가치 있는 전통 자체가 형성되지 못했다. 보수할 것 없는 보수주의는 형용모순이다. 역으로 한국에서 합리적 보수의 출현 여부는 보수해야 할 참된 전통의 '발견·발명'과 '보급·확산'에 달려 있다고도 볼 수 있다.

한국사회에서 합리적 보수를 둘러싼 담론이 본격화한 것은 2000년을 전후한 시기였다. 1998년 김대중 정권의 등장과 제도적 민주화의 진전, 진보적 시민사회운동의 강화, 특히 대북 화해 정책의 진행 등과 맞물리면서 기존 지배세력은 심대한 위기감을 느끼게 되었고, 보수주의 이념에 대한 고민이 비로소 시작됐다. 바로 이 시점에 시민사회와 학계에서 부상한 뉴라이트의 궤적은 검토할 만한 가치가 있다.

뉴라이트는 한국사회의 기성 우파세력이 독재, 인권탄압, 부패 등으로 정당성을 상실했다는 진단 위에, 우파의 혁신을 내걸고 등장했다. 2000년대 중반경 뉴라이트나 자유주의 등의 이름을 단 여러 단체가 출현했고, 보수언론은 이들을 집중적으로 조명했다. 관변·어용 단체의 틀을 벗어나지 못하던 기존 우파 시민단체들에 비해 뉴라이트 계열 운동 단체들의 활동에는 새롭고 합리적인 운동이라는 측면, 그리고 일정한 자발성이 있었던 것 같다.

올드라이트가 국가주의·권위주의에 바탕을 두었다면, 뉴라이트는 한국형 자유주의와 애국적 세계주의에 이념적 기반을 두고자 했고, 올드라이트가 '정부주도형 경제성장 ― 큰 정부'를 지향했다면, 뉴라이트느 '시장주도형 경제성장 ― 작은 정부'를 지향했다. 정치 면에서 올드라이트가 독재의 원죄를 씻을 수 없다면, 뉴라이트는 진정한 자유민주주의를 표방했다. 대북정책 면에서 올드라이트가 수세적 반공 절대주의를 내걸었다면, 뉴라이트는 민주화운동의 연장선에서 북한 민주화와 자유통일을 추구했다. 합리적 보수라고 부를 법한 노선이었다.

흥미로운 점은 한국 뉴라이트 운동이 우파의 개혁을 내세우면서 자유주의를 표방했다는 점이다. 1960년대 미국 보수주의의 혁신이 신보수주의 지향으로 나타난 것과는 대조적이다. 한국 역사 속에서 보수주의가 늘 독재와 억압의 얼굴로 나타났다는 사실에 대한 콤플렉스 탓일 것도 같다. 보수주의 정치학자 함재봉은 「한국 보수주의와 유교」(『한국의 보수주의』, 인간사랑 1999)라는 글에서 이렇게 고백한 바 있다. ""한국에는 진정한 의미의 '보수주의'란 없다." 이것은 국내외의 거의 모든 학자들의 일치된 견해이다. 이른바 '보수주의'자들은 자신들의 주의주장을 어느 특정한 철학에 의거하여 논리 정연하고 일관되게 펼치지 못함은 물론 구체적인 정책에서도 가장 기본적인 일관성마저 보여주지 못하고 있는 실정이다."

너무 늦게 도착한 유교자본주의론

한국에서 우파혁신 내지 합리적 보수주의 정립이라는 목적의식 아래 진행된 '전통'의 발견·발명의 사례로 유교자본주의론과 식민지근대화론을 꼽고 싶다. 두 접근 모두 애당초 한국이 아니라 서구 학계에서 먼저 시작되었으며, 그 연구 관심 자체는 한국 보수의 이데올로기 투쟁과 직접 관련된 것도 아니었다.

유교자본주의론은 1979년 미국의 미래학자 허먼 칸Herman Kahn이 동아시아의 경제성장을 유교와 연관 지으면서 시작되었다. 그는 교육 중시, 근면성, 공동체주의, 조화로운 인간관계 등이 지역의 특징들이 유교문화의 산물이며, 형평성과 효율성이라는 근대사회의 두 문제를 해결하는 데서 서구의 프로테스탄트 윤리를 능가하는 측면이 있다고 평가했다. 이 논의는 이후 하버드 대학의 중국계 연구자 투 웨이밍Tu Weiming과 존 윙John Wong 등에 의해 유교자본주의론으로 확장됐다. 물론 유교자본주의론 자체도 '순수한' 학술적 논의는 아니었다. 무엇보다도 1950~60년대 이래 동아시아의 고도성장을 배경으로 하고 있었고, 연구자들만이 아니라 언론인, 기업가, 정책 전문가 들의 관심 속에서 진행되었다. 투 웨이밍은 싱가포르의 독재자 리콴유李光耀의 자문으로서 서구 민주주의의 보편성을 둘러싼 이른바 '아시아적 가치' 논쟁에도 깊숙이 연루되었다.

한국에서는 유석춘, 함재봉 등 보수 연구자들을 중심으로 유교자본주의론이 수용되었다. 이들은 유교적 유산 덕분에 동아시아의 발전이 가능했다고 주장했다. 봉건적 병폐로 비판받아온 가족중심주의, 연고주의, 소속 집단에 대한 충성심, 연공서열주의, 교육열 등은 물론, 성취의욕, 근면절검과 같은 성향과 태도 들을 유교문화의 유산으로 해석하면서, 이들이 경제성장에 도움이 되었다고 강조했다. 이런 항목들은 대체로 한국사회의 민주주의 및 실질적 평등의 진전과 대립하는 것이었고, 현실적으로는 권위주의 통치와 사회구조, 재벌의 가족경영을 옹호하는 이데올로 기적 근거로 유용하게 활용되었다. 이들이 목소리를 낸 잡지의 이름이 『전통과 현대』였다는 점은 의미심장하다. 이들은 한국 보수가 결여한 것으로 평가되어온 '전통'을 발명하고자 애썼다.

하지만 유교자본주의론을 통한 한국 보수의 정당화 프로젝트 는 1997년 말에 닥친 IMF 사태와 아시아 지역의 경제위기를 거 치며 결정적 타격을 입었다. 아시아적 가치는 서구 학계와 정계 의 비판거리가 되었고, 박정희 유신체제 그리고 새마을운동의 멸사봉공론과 친화적인 유교자본주의론은, 시장의 자유와 개인 의 경쟁력이라는 동력에 기반한 한국자본주의의 신자유주의적 재구조화 프로젝트의 관점에서 보면 시대착오로 간주되었다.

식민지근대화론: 자유주의 전통으로서 시장경제의 발견

식민지근대화론의 경과와 파장은 유교자본주의론과는 꽤 다 르다. 일제가 서구 제국주의국가들과는 달리 식민지 개발에 주 력했다는 '식민지개발론'은 1980년대 초중반 미국 학계에서 이미 등장했다. 이후 1980년대 후반을 거치며 일본의 한국사학계와 한국의 경제사학계가 식민지 시기의 개발과 수탈을 균형 있게 파 악해야 한다는 '개발과 수탈론' '식민지공업화론'으로 문제의식을 본격화한 다음, 1990년대 중반을 거치면서 마침내 일제의 식민지배가 한국의 근대화에 기여했음을 적극적으로 주장하는 '식민지근대화론'으로 전화해갔다.

식민지근대화론이 한국사회에 몰고 온 충격과 반발은 심대했다. 논란은 아카데미를 넘어 정치와 사회 전반으로 확산되었다. 식민지근대화론자들 자신이 이 논쟁에 강력한 역사적·정치적 의미를 부여했다. 식민지근대화론자들은 자신들의 주장을 단지 실증 연구 차원이 아니라 대한민국과 한반도의 역사, 심지어 문명사 자체에 대한 우익적 재해석의 차원에 위치시켰다. 대표 논자인 이영훈은 『해방전후사의 재인식 1』(책세상 2006)에서 이렇게 말한다.

남한의 민주주의와 시장경제는 온갖 잡동사니 문명소들이 뒤엉켜 출발이 심히 불안정했지만, 인간 본성인 자유와 이기심이 한껏 고양되는 가운데, 한반도에서 문명시가 시작된 이래 최대의 물질적, 정신적 성과를 축적했다. 이 (북한과의—인용자) 대조적인 현대사를 역사의 신 클리오는 처음부터 알고 있었다. 왜냐하면 그녀의 손에 들린 역사의 잣대는 자유와 이기심을 눈금으로 하기 때문이다. (…) 역사가 그러한 잣대로밖에 발전하지 않음을 익히 안 소수의 선각자들이 있었다. 민주주의와 시장경제의 토대에서 대한민국이라는 국가를 세우는 데 공이 컸던 사람들이다. 그들의 나라 세우기가 처음부터 '정의'였던 것은 그들이 선택한 체제 원리로서 민주주의와 시장경제가 현대 인류가 공유하는 기나긴 문명사의 경험에서 '정의'였기 때문이다.

이들에게 일제강점기의 근대화 양상을 해명하는 과제는 실증 논쟁의 차원을 넘어 자유와 이기심을 인간의 본성에 위치시키고, 시장경제≒자본주의를 역사의 신 클리오가 처음부터 예정해둔 역사의 목적telos이자 종착점으로 삼는 문명사적 과업이다. 자유시장은 우리가 물려받고 지켜야 할 자랑스런 전통이자 우리가 당도해야 할 역사의 목적이 된다. 놀라운 형이상학이다.

이런 맥락에서 일제강점기는 매우 중요한 분기점이다. 왜냐하면 자유와 이기심이라는 인간의 본성은 한반도의 장구한 역사 속에 늘 존재했지만, 그 본성의 본격적 발양은 오직 일제의 통치 아래 발전한 시장경제 제도 아래서만 가능했기 때문이다. 비록 일제가 가져다준 것이라 한들, 자유시장이 민족의 차이를 뛰어넘어 문명사적 차원에서 인간 본성에 합당한 제도인 한 굴욕감이나 수치심 따위를 느낄 필요는 전혀 없다.

흥미롭게도 식민지근대화론이 강조하는 자유에는 정치적 자유의 차원이 거세되어 있다. 단지 경제적 자유, 재산권적 자유만 강조할 뿐이다. 안병직·이영훈의 대담집『대한민국 역사의 기로에 서다』(기파랑 2007)에서 이영훈은 "분별력 있는 이기심을 본성으로 하는 인간에게 사유재산 제도를 확립해주고 경제활동의 자유를 부여하면 시장의 경제적 성취는 최적 상태에 이른다는 경제학의 오래된 신념체계가 자유주의"라고 주장한다. 정치적 자유에 대한 인식이 아예 결여되어 있는 것이다.

박근혜 정권 아래서 우익 정치세력과 식민지근대화론자들이 그토록 강력하게 교과서 국정화를 밀어붙인 배경에는 이런 맥락이 있을 것이다. 그들에게는 새로운 전통의 서사가 필요했다. 이들이 친일파의 과거를 숨기거나 축소하기 위해 국정교과서를 추진했다는 생각들이 있다. 큰 착각이다. 이들은 그 시기 친일의 역사를 문명사적 차원에서 자랑스런 선각자들의 전통으로 재조명하고 싶었던 것이다.

합리적 보수는 어떻게 올까

주지하다시피 한국의 뉴라이트 운동은 실패했다. 우익 혁신운동의 진지전을 펼치겠다던 뉴라이트의 얼굴들 상당수는 이명박 정권이 들어서자 대거 제도정치권으로 진입했고, 뉴라이트 시민단체들은 정권의 외곽단체화되었다. 시민운동으로서 뉴라이트 운동의 동력은 급속히 소멸했다. 유신체제 친화적이던 유교자본주의론은 일찍이 파산했고, 식민지근대화론자들은 국정교과서 추진을 거치며 아카데미즘이 지켜야 할 최소한의 금도를 넘어섰다. 스스로 합리적 보수 탄생의 걸림돌이 된 것처럼 보인다. 유승민을 중심으로 한 정치개혁의 시도 또한 실패로 끝났음은 서두에서 확인한 바 있다. 앞으로 어떻게 될까?

서구 보수주의의 역사를 돌이켜보자. 한때 보수주의가 합리적으로 보였을 때, 그것은 사실 거대서사에 반대하는 실용주의에 가까웠다. 이 실용주의를 버리고 자유 이데올로기의 투사가 된 순간부터 합리적 보수의 가능성은 소멸했다. 한국에서 합리적 보수가 성립하려면 우선 보수주의라는 어휘, 이데올로기 자체에 대한 집착을 버려야 한다. 오직 그때만 최소한의 가능성이 열린다. 가능할까? 성급하게 부정하기보다는 일단 열어두자. 그 수밖에 없기도 하지만.

이제 진보 진영으로 시선을 돌려보면 어떨까? 한때 보수주의가 합리적으로 보였을 때, 그 합리성은 사실 변화의 저항할 수 없는 실증성, 불가피함에 대한 수용에 가까웠다. 변화의 동력 자체가 존재하지 않는다면 보수주의가 합리적 외관을 띨 이유 따위는 존재하지 않는다. 합리적 보수의 출현을 열망한다면, 진보가 해야 할 일은 진보를 강화하는 것이다. 이것이 우리 몫의 숙제다.

사당동, 철거 이후의 그 가족과 나

사당동, 1988년 가을

1988년 가을의 어느 맑은 날, 서울 사당동의 철거촌. 주민과 대학생들이 철거 반대 집회를 벌이고 있었다. 갑자기 비명이 울렸다. "백골단이다!" 사람들이 순식간에 골목길 여기저기로 흩어졌다. 한참을 달렸더니 산길이 나오고 너른 풀밭이 펼쳐졌다. 숨이 가빠 드러누웠다. 하늘은 비현실적으로 푸르렀다. 백골단의 기척 따위는 들리지 않았다. 도망치느라 백골단은 보지도 못했다. 그래도 가슴은 계속 쿵쿵 뛰었다. 무술 유단자로 이뤄진 사복 체포조 백골단은 무서운 존재였다. 특히 철거촌에 투입되는 백골단은 잘 조직된 폭력 집단이라고들 했다. 심하게 다친 이야기들도 흉흉했다. 현장으로 돌아가지 않고, 집으로 갔다. 다시는 철거 반대 투쟁에 참가하지 않았다.

바로 그 무렵, 사회학자 조은은 절대로 철거 반대 투쟁에 결합하면 안 된다고 조교들에게 신신당부를 하며 사당동 철거민 연구를 수행하고 있었다. 연구자가 투쟁에 뛰어들면 그 연구는 끝장이니까. 그의 연구 현장은 사당4구역 제2공구로, 1988년 1월부터 철거에 들어가 1989년 말에 끝났다. 철거 완료는 "수차례 백골단이 투입된 뒤였다." 거기서 금선 할머니 가족을 만났다. 며느리는 가출하고 일용직 건설노동자인 아들과 세 손주가 함께 사는 3세대 가족이었다. 면접 사례 중 유일하게 영구임대아파트에 입주한 가족이기도 했다. 연구자는 주거 안정이 빈곤 극복에 얼마나 도움이 되는지 밝히기 위해 25년간 이 가족을 만났다. 그리고 『사당동 더하기 25』(또하나의문화 2012)를 펴냈다. 결론은? 안정된 주거만으로는 가난을 벗어나지 못한다는 것이다.

그날 백골단을 피해 산 넘어 도망친 내게 집은 무엇이었을까? 철거당한 적은 없지만 내 어리고 젊던 날의 기억은 온통 이사로 가득하다. 서른살까지 딱 서른번 이사했다. 집 없는 집에는 늘 무슨 사정이 생겼고, 해결책은 결국 이사였다. 삶이 불안하고 영혼이 잠식됐다. 결혼하면서 들어간 산동네 꼭대기 집 꼭대기 층 전셋집에서 8년을 살았으니 인생에서 처음으로 오래 산 집이다. 전세금 한번 올리지 않은 주인 덕이었다. 8년을 살았더니 어정쩡한 대학원생 신분임에도 이웃이 생기고, 단골가게도 생겼다. 8년 지나 이사하려는데 주인이 연락이 닿지 않았다. 사업하다 망했다는 전언만 들릴 뿐. 결국 전세금을 떼였다. 포기하고 살다가 구청이 집을 경매 처분한 덕에 10년쯤 지나 원금은 받았다. 집주인의 선의가 주거안정책일 수는 없는 법이다.

그 집을 떠난 다음에는 전세금 인상과의 싸움이었다. 변두리였어도 재계약 때마다 4~5천만원씩 전세금이 올랐다. 맞벌이를 해도 계속 빚을 졌다. 빚지다 탈진할 것 같아 결국 경기도 외곽 신도시의 미분양 할인 아파트를 샀다. 서울 전세금에 조금 보탰더니 자가가 생겼다. 통근 시간이 크게 늘어났지만, 대신 주거가 안정됐다. 이웃이 생기고 마을살이도 시작했다. 지역 현안이나 개발 사안에 관심도 생겼다. 부유하던 삶에 뿌리가 조금 내렸다. 집 가진 중산층의 양면적 의식을 체험한다.

1988년 그날의 사당동에서 나와 금선 할머니 가족 사이의 거리는 그리 멀지 않았다. 그때 내가 멀리 달아난 것처럼, 그후로 나와 그들의 삶은 많이 달라졌다. 할머니 가족도 열심히 살았으니 벌어진 차이가 성실한 노동의 유무 탓은 아니다. 학력자본의 차이 탓만도 아니다. 미국 사회학자 매슈 데즈먼드Matthew Desmond가 『쫓겨난 사람들』(황성원 옮김, 동녘 2016)에서 보여주듯, 작은 불행이 주는 충격을 완충해주지 못하는 세상에서는 가난이 눈덩이처럼 불어날 수 있다. 가난은 뒤엉킨 잡목 덤불처럼 서로 연결되어 있는 불행들의 연쇄다. 집이 그 연쇄를 끊어주어야 하는데 그러지 못했다. 왜 그랬을까?

개발연대, 산업정책이자 계급적 사회정책으로서 아파트

금선 할머니 가족이 걸었던 삶의 궤적은 굴곡진 한국 현대사의 축도縮圖 같다. 할머니는 1922년 함경도 청진에서 여관집 딸로 태어났다. 4년제 중학교까지 나와 일본인 회사에서 타이피스트로 일했고, "정신대 끌려갈까봐" 서둘러 결혼했다. 소련군의 행패에 1949년 월남했다. 남편은 전쟁 통에 죽고, 노점과 행상으로 혼자서 딸과 아들을 키웠다. 서울역 근처 양동에 방 세칸짜리 '하꼬방'을 얻어 살았다. 1965년 추석이 지난 무렵 "주인 있는 땅이니 철거하라"는 계고장이 날아왔다. 가네, 못 가네, 실랑이를 했다. 어느 날 철거반원들이 집을 부수고 트럭에 태워 내려준 곳이 사당동이었다. 서울 이곳저곳에서 철거민 4천여명이 사당동으로 강제 이주됐다. 천막 치고 살다가 진흙으로 벽돌 빚어 집 짓고 살았다.

할머니의 아들, 1947년생 수일씨는 중학교 2학년 때 학교를 그만두고 열여덟살에 건설노동자가 됐다. 평생 건설노동을 했다. 지하철역도 생기고 살 만해졌다고 좋아하던 1984년, 사당동 재개발이 결정됐다. 어렵사리 영구임대주택 입주권을 얻어 1991년 상계동으로 이사했다. 운이 좋았다. 수일씨의 세 자녀는 산업화가 한창이던 1970년대에 태어났다. 첫째는 일용직 건설노동자로 일하고, 청각장애가 있는 둘째는 세 아이의 엄마이면서 재봉 일을 한다. 중학교 2학년을 중퇴하고 감방에도 세번 갔다 온 막내는 보증금 1천만원짜리 작은 헬스센터를 운영하면서 거기서 산다. 집안에서 중산층이 될 수 있는 사람은 자기뿐이라고 믿는다.

서울시는 1966년부터 본격적으로 도심 판잣집을 철거하고 빈민들을 외곽으로 내쫓았다. 사당동·도봉동·염창동·거여동·하일동·시흥동·봉천동·신림동·창동, 쌍문동·상계동·중계동 등에 집단 거주지, 달동네가 생겨났다. 1971년에는 지금의 성남시 자리인 경기도 광주군에 철거민 수만명을 이주시켰다. 그리고 '광주대단지 사건'이 터졌다. 허허벌판에 버려진 20만명이 봉기한 사건으로, 무허가 정착지 사업의 야만성이 여실히 폭로된 사례였다. 메트로폴리스 서울의 발전 서사는 빈민 추방의 연대기이기도 하다.

개발연대에 서울의 빈민 문제는 심각했다. 서울의 무허가 건물은 1960년대 내내 매년 10~15%씩 늘어났다. 1968년 건설부는 불량주택 지구에 공공주택자금을 투입, 5~8평 규모의 '시민 아파트'를 집중 건설한다고 발표했다. 불도저 시장 김현옥의 정책이었다. 턱없이 낮은 공사비로 밀어붙이다보니 뇌물에, 부실 시공에 온갖 문제가 불거졌다. 1970년 마포의 와우아파트가 붕괴하면서 33명이 사망하는 대참사가 일어났다. 김현옥은 경질되고, 시민아파트 계획은 백지화됐다. 대신 중간계급 대상 아파트 건설로 정책이 전환됐다. 한국의 아파트가 서구와 다른 길을 걷게 되는 분기점 중 하나다.

1962년에 대한주택공사(주공)가 설립됐고, 1963년에는 '공영주택법'이 제정됐다. 법은 주공과 지방정부에 저소득층을 위한 주택 건설 책임을 지웠다. 하지만 주공은 비용 회수가 빠른 분양주택을 주로 건설했고, 정부의 보조금은 대개 민간 건설사로 흘러갔다. 가난한 이들을 위한 임대주택은 거의 건설되지 않았다. 기껏해야 소형평형주택 의무비율 정도의 규제만 남았다. 주택정책 자체가 주거 안정을 위한 사회정책이 아니라 건설사 이윤을 위한 시장과 제도를 만들어주는 산업정책이었다. 하지만 중간층 위주의 계급적 사회정책이었다고 볼 수도 있다. 개발연대 동안 아파트 가격은 국가의 통제 범위 안에 있었다. 국가는 대단지 아파트로 결집한 중간계급에게 주택 소유와 자산 소득 증가라는 혜택을 주어 정치적 지지를 획득할 수 있었다.

1987년 민주화투쟁 이후 대중의 눈높이는 성큼 올라갔다. 중간계급의 '내 집 마련 꿈'을 실현하려면 막대한 돈이 필요했다. 국가는 일반회계에서 직접 재정을 지출하는 부담을 안기보다는 국민주택기금 같은 공공기금을 활용하는 우회로를 택했다. 공기업 민영화를 통해 발생한 재정 수입과 국민연금 여유 자금 등을 주택에 투자하는 '재정 투융자 특별회계'도 도입했다. 건설사와 가계에 지원하는 자금 규모가 전에 없이 커졌다. 통합재정수지 상 재정지출에서 주택의 비중이 1970년대에는 1%대에 불과했지만, 1990년대에는 10%까지 상승했다. 내 집 마련 욕구도 절정에 달했다. 당시 주택청약예금이나 청약저축을 통해 아파트 분양을 기다리는 인구가 140만명에 육박했다. 노태우 정권의 핵심 공약인 "200만호 주택 건설"도 자산 형성을 통한 '중산층 신화 만들기'의 성격이 강했다.

이 무렵부터 공공임대주택도 자리잡기 시작했다. 한국 최초이자 사실상 유일한 사회임대주택인 영구임대주택이 1989년부터 건설되기 시작했다. 영구임대주택은 소득 하위 1, 2분위인 대상자가 시세의 20~30%에 무기한 거주할 수 있었다. 대신 40제곱미터(약 12평) 이하 소형주택만 공급했다. 원래 25만호 건설이 목표였지만 1990년대 초까지 21.4만호만 건설되고 끝났다. 그때 만든 게 전부다.

『경향신문』이 2019년에 집중 연재한 "30년 신기루, 공공임대주택" 시리즈에 영구임대주택의 실상이 자세하다. "영구임대는 저소득층 불평등 문제가 압축된 공간이었다. 부모의 빈곤은 단절되지 못하고 다음 세대로 전해지고 있었다. '집'이 있어 가족이 해체되진 않았지만, 그뿐이었다. (⋯) 주거만으로는 저소득층 문제를 온전히 해결할 수 없었다. 한 거주자는 '집 말고 아무것도 없었다'고 말했다."

주거 빈곤은 경제적 빈곤의 결과일 뿐 아니라 원인이기도 하다. 저소득층일수록 실업, 질병, 가족 해체 등 소득원 상실이나 감소를 낳는 위기에 대처하는 능력이 부족하다. 결국 주거 수준을 낮춰 위기에 대응하게 된다. 그 결과 일터에서 더 멀어지고, 정보를 얻기 힘들어지며, 비좁고 비위생적인 곳에서 살게 된다. 사회관계도 줄어든다. 이제 주거가 독립변수가 되어 빈곤을 더 촉진한다. 공공임대주택, 사회주택 등 양질의 저렴한 주택을 공급하고, 주거비 보조를 통해 저소득 가구의 주거비 부담을 경감시키는 정책이 필요한 이유다.

하지만 『사당동 더하기 25』와 『경향신문』의 집중 기획이 보여주듯 영구임대주택은 가난을 줄이지 못했다. 왜 그럴까? 기사는 영구임대주택의 주민 상당수가 노인이라는 데 주목한다. 조사 대상인 ㄱ영구임대아파트 단지의 경우 1990년대에 첫 입주 후 2019년까지 줄곧 살고 있는 가구가 54%에 달한다는 점, 통계청 '가계동향조사'를 보면 1990년 1/4분기 1분위 가구주 평균 연령이 38.7세였는데, 2019년 1/4분기 가구주 평균 연령이 63.3세라는 점 등을 토대로 조금 과감한 추측을 감행한다. 1980년대 말, 1990년대 초의 가난하던 30대가 빈곤에서 벗어나지 못한 채 그대로 노인이 된 것은 아닐까라고. 통계적 근거가 추측을 보강한다. 불평등을 지수화한 팔마 비율을 보면 한국사회에서 불평등은 주로 중층과 하층 사이에서 커지고 있다. 하층만 유독 뒤처진 것이다.

『사당동 더하기 25』에서 조은은 말한다. "가난을 설명하는 데 가난 그 자체만큼 설명력을 가진 변수는 없다. '가난의 구조적 조건'이 있을 뿐이다"라고. 사당동과 상계동에서 만난 가난한 가족들은 모두 교육열이 높고 부지런했으며, 가족에 헌신적이었다. 어느 순간 가난에서 벗어날 수 없다는 절망이 이들을 덮쳤다. 일터와 삶의 네트워크를 파괴하는 강제 철거, IMF나 금융위기 같은 구조적 위기가 닥쳤을 때 충격을 완화할 완충지대가 이들에겐 없었다. 가난한 사람들의 일자리와 임금은 국경을 넘나드는 이주노동에도 영향을 받았다. '세계화된 가난' '가난의 전지구적 확산'이라고 부를 만한 구조적 충격 속에서 이들의 가난은 대를 이어 재생산됐다.

그래도 공공임대주택이 더 필요하다

물론 제자리걸음이라도 하려면 공공임대주택은 절실하다. 정부가 발표한 10년 이상 임대 가능한 공공임대주택의 수는 2019년 현재 136만 5,000가구다. 전체 가구 수의 6.7%다. 문제는 이 공공임대주택 재고에 저소득층 대상이 아닌 물량도 다수 포함되어 있다는 것이다. 각종 분양 전환 주택에서부터 시세에 가까운 임대료를 내야 하는 행복주택, 집이 아닌 임대료를 보조하는 전세임대 등이 포함된다. 결국 주거취약 계층을 위한 '진짜' 공공임대는 97만 가구가 못 된다. 40만 가구 이상이 허수인 셈이다. 2022년 현재 공공임대주택 비율은 9%로 늘었다. 다행이다. 진짜 공공임대는 여전히 부족하다.

특히 분양 전환 공공임대주택은 중산층 자산 만들어주기 정책이라고 보는 게 맞다. 그 역사는 노태우 정부의 10년 후 분양 전환 사원임대주택과, 김영삼 정부의 5년, 10년 후 분양 전환 공공임대주택까지 올라간다. 본격적인 중산층용 임대주택은 오세훈 서울시장이 2007년에 제시한 '시프트 장기전세주택'과 박근혜 정부의 '뉴스테이'기업형 임대주택다. 정권마다 공공임대주택 유형을 추가하면서 소득 기준이 6분위까지 완화되고, 점차 중산층 주택화되고 있다. 공공의 재원이 이쪽으로 투입되면서 정작 절실한 빈곤층 대상 물량은 모자라게 된다. 대기해도 차례가 오지 않는다. 더 심각한 문제도 있다. 2019년 한국도시연구소의 조사에 따르면 옥탑방, 반지하, 쪽방, 고시원, 비닐하우스 등 집이라고 부르기도 어려운 비적정 주거시설에 사는 이들도 전국에 227만 6,562가구에 달한다. 임대료는 오히려 역진적이다. 쪽방의 월세는 평당 기준 타워 팰리스의 두배에 달한다. 영구임대주택의 보증금조차 못 내는 이들이 이런 데서 산다. 쪽방 거주 기간은 평균 11~12년에 이른다.

사회주택이 주택 재고에서 차지하는 비중이 높은 나라들을 보면 네덜란드는 30%대 중반, 프랑스, 덴마크, 영국 등은 20%에 육박한다. 프랑스는 최근 일정 인구 이상의 도시에 대해서는 25%로 이 비중을 올리도록 의무화했다. 한국은 아직 공공임대주택의 절대 물량이 많이 부족하다. 더 많이 지어야 한다.

더 섞여 살아야 한다

공공임대주택을 더 많이 지어야 하지만 문제도 있다. 가난한 이들이 모여 살면 필연적으로 낙인, 배제 같은 문제가 발생하게 된다. 2017년 서울 강서구 가양동에서 장애인 특수학교 건립을 두고 열린 주민공청회 자리에서의 일이다. 건립을 반대하던 주민들은 폭언까지 내뱉었다. 장애인 자녀를 둔 부모들은 눈물로 호소하다 급기야 무릎을 꿇었다. 그 장면을 담은 사진은 수치심이 무너진 우리 시대를 기록한 고발장이 되었다.

주민들은 어쩌다가 '괴물'이 되었을까? 씁쓸한 전사가 있다. 가양동 일대는 1990년대 초 영구임대아파트가 대거 건설되면서, 전국에서 장애인, 탈북자, 기초생활수급자 비율이 가장 높은 지역이 됐다. 1992년 설립된 공진초등학교는 일부 주민들이 자녀입학을 거부하는 바람에 학생 수가 급감하고, 노령층이 많은 지역 특성상 학교 유지가 어려워져 2014년 마곡으로 이전했다. 주민들은 피해의식에 사로잡혔다. 지역구 국회의원이 용도 변경이 불가능한 폐교된 학교부지에 한방병원 유치라는 선심성 공약을 내걸었고, 기대를 걸었던 주민들은 기존 용도에 맞게 특수학교를 설립한다는 방침에 폭발했던 것이다.

그들의 반발을 옹호할 수는 없다. 그러나 취약 계층이 사는 공공주택단지를 특정 지역에만 지었을 때 나타나는 고립, 배제, 차별은 보편적 현상이다. 외면해선 안 된다. 1958~62년 사이에 건설된 로버트 테일러 홈스는 미국의 공영주택단지를 대표하는 명물이었지만, 곧 흉물이 됐다. 백인 주거 지역은 비워둔 채 흑인 빈민가 한가운데 들어선 주택단지는 고립된 우범지대가 됐다. 사회학자 수디르 벤카테시Sudhir Venkatesh의 『괴짜사회학』(김영선 옮김, 김영사 2009)은 이 단지의 내밀한 실상을 드러낸 화제작이다. 도시사회학 분야의 명저인 『미국 대도시의 죽음과 삶』(유강은 옮김, 그린비 2010)에서 제인 제이콥스Jane Jacobs는 수십억 달러를 들여 건설한 저소득층 주택단지들이 기존의 슬럼보다 더 심한 사회적 절망 상태의 중심이 되어버렸다고 비판한다.

도시나 주택단지를 개발할 때 다양한 계층을 섞는 '소셜 믹스'라는 용어가 일반화된 지 제법 됐다. 한국에서는 2006년 서울의 은평, 장지, 발산 등의 뉴타운 재개발 때부터 분양동과 임대동을 섞는 방식으로 소셜 믹스가 시도되고 있다. 성과가 있을까? 아니다. 분양동과 임대동이 별도의 건물로 구분되는 한 믹스는 불가능하다. 억지로 동 사이에 경계를 만들거나 임대 입주민의 커뮤니티 시설 이용을 막기도 한다. '공동주택관리법'과 '민간임대주택에 관한 특별법' 등에 양자의 구별, 차별을 막을 제도적 장치가 없다. 앞으로도 반복될 문제다.

해결책이 있을까? 도시계획가이자 건축가인 최민아가 『우선 집부터, 파리의 사회주택』(효형출판 2020)에서 소개하는 프랑스 사례가 흥미롭다. 프랑스는 국민의 70%가 사회주택 입주 자격이 있다. 중산층도 사회주택에 살 수 있는 것이다. 임대료가 주변 시세가 아니라, 소득에 따라 결정된다는 점이 중요하다. 저소득형인 PLAI, 중간소득형인 PLUS, 고소득형인 PLS로 유형이 구분된다. 기준 유형은 중간소득층 대상의 PLUS다. PLUS를 기준으로 60% 소득은 PLAI, 130% 소득은 PLS로 정한다. 2019년 기준 2~3인 가구 입주 소득 기준을 보자. PLAI는 2만 7,883유로(약 3,625만원) 이하, PLUS는 4만 6,473유로(약 6,042만원) 이하, PLS는 5만 9,483유로(약 7,733만원) 이하의 소득이면 사회주택에 살 수 있다.

어떤 식으로 섞여 살까? 2012년에 재건축한 파리 리옹역 근처 빌리오 하페라는 사회주택단지의 사례를 보자. 전체 360세대가 한국의 아파트와 비슷한 높은 주거동부터 비정형의 타워, 전원형 단독주택, 습지를 닮은 정원 등 다양한 디자인으로 구성된다. 원룸 스튜디오, 침실 1개에 거실 1개 유형부터 침실 7개 또는 8개 유형까지 크기와 유형이 정말 다양하다. 테라스 주택 형태도 있다. 이런 다양성이 한국의 공공임대주택과 사뭇 다르다.

임대료도 다양하다. 한국의 일반적인 임대주택 크기와 비슷한 침실 2개, 거실 1개 유형을 보면 중간소득층은 제곱미터당 임대료 상한 금액이 6.44유로이므로 60제곱미터에 386.4유로(약 50만 3,200원)를 월세로 낸다. 저소득층은 제곱미터당 5.71유로, 월세 342.6유로(약 44만 5,380원), 고소득층은 제곱미터당 13.34유로, 월세 800.4유로(약 140만 5,200원) 이하를 내게 된다. 같은 집이라도 소득에 따라 임대료가 우리 돈으로 40만원 중반에서 140만원까지 다양하다. 이웃이 임대료를 얼마나 내는지 알 수 없다. 이렇게 소셜 믹스가 실현된다. 다양한 건축적 특성을 지닌 집들에 다양한 소득 계층이 함께 살지만, 임대료는 소득에 맞춰 다르다. 게토화를 극복한 사회주택이다.

단지 안에서 서로 구별되지 않아야 하듯, 도시 안에서도 공공임대주택이 골고루 배치되어야 한다. 2005년 노벨경제학상 수상자 토머스 셸링Thomas Schelling은 혼합된 주거지가 삶의 불안정성을 높이는 경향이 있다고 주장했다. 지역에 이질적 인구가 많아지면 일부가 이사를 가기 시작하다가 어느 순간 균형이 깨지고 탈주가 발생한다. 급격한 전환점, 티핑 포인트가 있다는 것이다. 경제학자 데이비드 카드David Card는 주거지 분리가 증가한 사례들을 연구하다가 티핑 포인트와 유사한 현상들을 발견했다. 2019년 노벨경제학상 수상자 아브히지트 바네르지Abhijit Banerjee 와 에스테르 뒤플로Esther Duflo는 주거지 분리를 막으려면 저소득층을 위한 공공주택단지가 도시 전체에 퍼지게 해야 한다고 조언한다. 주민의 계층 구성이 동질적인 '순수한' 동네가 있으면 안된다. 공저 『힘든 시대를 위한 좋은 경제학』(김승진 옮김, 생각의힘 2020)에서 이들은 1년간의 파리 거주 경험을 술회한다. 이들은 파리의 아주 비싼 동네에 살았는데, 집 바로 옆에 공공주택단지가 있었다. 아이들은 같은 학교에 다니고 같은 공원에서 놀며 같은 세계에 살았다. 이들은 공공임대주택을 도시 전체에 골고루 배치할 때 가장 큰 난점은 기술적인 것이라기보다 정치적인 것이라고 강조한다. 서울시 영구임대아파트의 60%가 강서구와 노원구에 집중되어 있다. 이래서는 안 된다. 정치가 중요하다.

누가 말해야 하는가

저소득층을 위한 공공임대주택을 더 많이 지어야 한다는 주장이 한쪽에 있다. 그러다간 빈곤층이 고립되고 배제된다며 섞여 살아야 한다는 주장도 보았다. 어느 쪽이 옳을까? 둘 다 옳을 것이다. 훨씬 더 많이 짓고, 더 잘 섞이도록 도모해야 한다. 복잡한 공공임대주택 유형들을 통합하고, 시세가 아니라 소득을 기준으로 임대료를 설정하는 개혁도 필요하다.

사실 문제는 훨씬 복합적이다. 되풀이하지만 단지 주거 안정만으로는 부족하고 소득증대 방안과, 체계적인 복지 지원이 결합되어야 한다. '근로 빈곤' 문제를 추적한 르포 『워킹푸어, 빈곤의 경계에서 말하다』(나일등 옮김, 후마니타스 2009)로 화제를 모은 저널리스트 데이비드 시플러David Shipler는 말한다. "모든 문제는 한꺼번에 다루지 않으면 안 된다. 한가지 문제에 대한 개선책이 나오더라도 그 밖의 많은 문제에 대한 개선책이 동시에 나오지 않는 한 개선책은 '지원책'은 될 수 있을지언정 '해결책'은 되지 않는다."

빈곤 가족을 만나온 사회학자 조은은 빈곤의 원인을 이들의 생활습속, 즉 빈곤 문화에서 찾으려는 시도들과 선을 그으면서, 가난의 원인은 가난 그 자체라는 통찰력 있는 동어반복을 제시한 바 있다. 이들은 아무리 열심히 일해도 세계화된 구조적 위기의 충격을 흡수할 수 없다. 미시적 참여관찰이 세계의 거시적 변화와 모순에 대한 이해와 만나 빛난다. 하지만 개인의 습속과 세계의 구조적 변화 사이에 또다른 무언가가 있지는 않을까?

영구임대아파트 단지의 '활력'이라는 문제에서 출발해보자. 예전의 사당동과는 달리 아파트 숲속에서 가난은 노출되지 않는다. 그러나 연구자를 돕던 조교는 "희망이 안 보여요"라고 말한다. 가난이 날 것 그대로 드러나던 옛 빈민촌과는 무언가 다르다. 박태순의 단편 「정든 땅 언덕 위」(1966)를 보자. 그가 잠입해 살았던 서울 신림동을 형상화한 외촌동 도시빈민들의 삶이 묘사된다. 무허가 판자촌 사람들이 강제로 이주당한 곳, 날림으로 지은 닭장 같은 공영주택으로 가득 찬 동네다. 이 판자촌은 "생의 요란스런, 그리고 점잔 빼지 않은 낯선 음향이 들려오고" 있는 활력 있는 마을로 묘사된다. 영구임대아파트에는 그런 활력이 없다.

『경향신문』이 취재한 주민들은 어떨까? 30년 가까이 살고 있는 100명에게 ㄱ영구임대에 대한 만족도를 조사했더니, '매우 만족' 11명, '만족' 44명, '보통' 42명, '불만족' 3명이었다. '매우 불만족'은 없었다. LH(한국토지주택공사)나 SH(서울주택도시공사)가 조사하면 입주민의 만족도는 90%까지 올라간다. 무엇이 문제일까? '만족'에 답한 이들이 실제 인터뷰에서는 "이 돈 가지고 어디서 살아" "나이 먹어서 갈 데가 어디 있나" 하며 불만을 토로한다. "집에 물이 5년째 샌다"고 말한 주민은 '매우 만족'에 체크했다. "나가라고 하면 어떡해." 이들은 솔직하게 말하지 못한다.

분양주택의 입주자대표회의는 공공주택관리법상 법적 지위를 보장받는다. 반면 공공임대주택의 임차인대표회의는 임의단체에 불과하다. 혼합단지에서 입주자대표회의가 차별을 결정할 때 임대동 주민들은 목소리를 낼 수 없다. 절반 넘는 영구임대아파트에는 아예 임차인대표회의가 없다. 민영 아파트나 분양 전환 임대아파트 주민들이 '아파트 가치 올리기'를 공통분모로 집합행동을 벌일 때, 진짜 공공임대 주민들은 자기 집 속에 절반쯤 갇혀 있다.

이들이 겪고 있는 위기 중 무엇이 중요하고 덜 중요한지는 논의 가능한 문제다. 이것을 타인이 심의하고 결정하는 한, 이들의 문제는 지속될 것이다. 이들은 한번도 권리를 가져본 적이 없다. 시카고의 로버트 테일러 홈스에서 참여관찰을 하던 사회학도 수디르 벤카테시의 경험을 떠올려본다. 그는 단지를 통치하는 갱단의 젊은 실력자 제이티와 친구가 된다. 어느 날 제이티의 어머니인 메이 부인에게 음식을 얻어먹게 되자 돈을 건넨다. 부인은 지폐를 밀어내며 말한다. "젊은이, 다신 그러지 마우. (…) 우리가 가난할지 몰라도 여기 오면 우리를 불쌍히 여기지 말게. 우리를 더 관대하게 봐주지 말란 소리네. 그리고 우리에게, 자네가 자네 자신에게 적용하는 것보다 더 낮은 기준을 적용하지 말게나." 지금 어디선가 출발해야 할 지점이 있다면 바로 여기가 아닐까? 함께 출발해야 한다.

민주주의의 친밀한 적

감자를 캐며 민주주의를 생각하다

코로나 우울증이 짙어가던 2021년 7월 초의 어느 날, 동네 텃밭에서 이웃들과 감자를 캐며 우울증을 달랬다. 감자 풍년이라 큰 박스로 다섯상자에 감자가 가득 쌓였다. 우리 집 몫을 작은 상자들에 담아 가족과 지인들에게 택배로 보냈다. 선물로 주는 것이라 '실하고 상처 없는 것들'로 골랐다. 땅속에서는 줄기로 한데 이어졌건만 땅 밖에 나와서는 선물이 될 것, 먹거리가 될 것, 버려질 것으로 나뉜다. 나누는 내 손이 감자에게는 운명을 가르는 신의 손이다. '민주주의의 적'이라는 주제를 생각하면서 떠오른 상념이다.

민주주의란 무엇일까? 문자 그대로는 데모스^{dēmos}, 그러니까 인민의 힘, 지배kratos를 뜻한다. 인민이 자신을 스스로 통치하는 체제가 민주주의다. 실제로는 소수의 엘리트들이 선거라는 절차를 통해서 인민을 대변하는 정치체제로 이해되곤 한다. 이 '엘리트에 의한 대변'이라는 지점에서 현대 민주주의의 가장 심각한 문제들이 창궐한다. 민주주의가 야기할 혼란을 예방한다는 명분 아래 정당정치가 추구되지만, 오늘날 정당은 개혁되고 민주화될수록 역설적이게도 점점 소수의 손에 장악된다. 정당은 자기를 지지하는 다양한 대중의 이해와 생각을 통합하기보다는, 정당정치에 관심을 가질 정도로 여유도 있고, 목소리 큰 일부의 견해를 더 크게 증폭하는 스피커가 된다. 현대 정치에서 양극화가 갈수록 심화되는 이유 중 하나일 것이다.

어떻게 해야 할지 분명하지 않지만 일단은 민주주의가 '엘리트에 의한 대변'이라는 틀에서 벗어나보자. 아니, 차라리 엘리트에 의해서 대변되지 못하는 이들의 관점에서 생각해볼 수도 있겠다. 이런 맥락이라면 나는 '실하고 상처 없는 것들'을 가려내는 초월적인 손을 용납하지 않는 체제야말로 민주주의라고 이해하고 싶다. 신의 뜻이든, 프롤레타리아의 의지든, 경제적 인간의 합리적 선택이든 어떤 힘, 명분, 법칙으로도 인간 집단의 자격을 따지지 않는 체제. 셈해지지 않던 것들이 셈해지고, 몫 없는 자들이 자기 몫을 기입하는 체제, 가려졌던 불화가 드러나고 새로운 갈

160

등이 생성되는 체제가 민주주의가 아닐까?

다시 상념이 이어진다. 그렇다면 민주주의의 친구와 적은 어떻게 나뉠까? 들리지 않는 목소리, 셈해지지 않는 수, 몫 없는 자들의 몫을 대하는 태도가 친구와 적을 구분하게 해주는 리트머스 시험지일 것도 같다. 그렇다면 어쩌면 민주주의의 적은 괴물의 형상이 아니라 친밀하고 평범한 모습을 하고 있을지도 모를 일이다. 놀랍게도 나 자신의 얼굴일지도 모른다. 우리에게 정말 필요한 것은 "권력에 저항해야 한다"는 익숙한 관성이 아니라, "내가 권력일 수도 있다"는 불편한 통찰이 아닐까?

대한민국이 자부심이 된 시대

2016~17년에 걸쳐 1,700만명의 한국인이 '촛불'에 참여했다. 평화롭고 입헌적인 방식으로 불의한 권력을 탄핵한 경험은 자랑스러운 역사가 됐다. 민주화세력의 정서에서 '내 나라'는 오랫동안 슬프거나 아픈 무엇이었다. 이제는 자랑스러운 것이 됐다. 2019년 12월 문화체육관광부가 발표한 '국민의식 조사 결과'에 따르면 조사 대상의 84%가 "나는 한국 사람이라는 것이 자랑스럽다"고 답했다. "우리나라가 살기 좋은 곳이라고 생각한다"는 사람은 81.9%, "행복하다"는 사람도 63.6%나 됐다. "경제적 양극화가 심각하다"에 공감한다는 사람이 90.6%를 넘는데도 말이

다. 반면 "통일 시기 서두를 필요가 없다"는 응답도 61.1%에 이르렀다. 양극화의 고통을 인식하면서도 남한 단독의 현대사를 긍정하는 태도가 부상하고 있는 것이다.

코로나19 사태는 이 자부심을 한껏 고양시켰다. 시민들의 자발적인 협력에 힘입어 성공한 'K-방역'의 성과는 높은 민주주의 의식의 성과로 간주된다. 『시사IN』과 KBS가 서울대 사회발전연구소, 한국리서치와 함께 진행한 조사(2020년 5월 7~8일) 결과는 경이롭다. 마침 직전에 프랑스의 석학 기 소르망Guy Sorman이 "유교 문화가 선별적 격리 조치의 성공에 기여했다. 한국인들에게 개인은 집단 다음이다"라고 한 인터뷰가 화제가 된 무렵이었다. 서구의 일부 지식인, 매체들이 한국의 성공을 권위주의, 집단주의 같은 잣대로 폄훼하고 있었다.

설문조사의 결과를 보자. 권위주의 성향일수록 정부의 지시에 잘 따랐으리라는 가설은 틀렸다. 오히려 권위주의적일수록 방역 참가도가 낮았다. 수평적 개인주의 성향이면서 민주적 시민성이 높은 사람들일수록 방역에 적극적으로 협조했다는 인과관계가 명백했다.* 이제 K-민주주의는 BTS, 「기생충」 같은 한류 문화 상품을 뛰어넘는 '문명사적 의미'를 담게 되었다. 서구 지식인들

---

* 「코로나가 드러낸 '한국인의 세계' - 의외의 응답 편」, 『시사IN』 2020.6.2.

은 틀렸다! 중국이 당의 압제로 코로나19를 틀어막고, 서구가 분열된 개인주의로 무너질 때, 민주정부의 리더십과 시민의 적극 참여로 K-방역은 성공했다. 민주주의 대한민국이 새로운 문명 표준을 제시한 것이다!

민주화세력에게 산업화는 독재와 인권탄압 아래 이뤄진 미심쩍은 업적이었다. 성장은 민주주의 아래서 더 잘 수행되어야 했다. 이제 민주화세력에게도 거리낌 없이 자랑할 만한 성공의 역사들이 생겼다. 정보화를 선도했고, K-컬처의 세계화를 이끌었으며, K-방역이 세계의 찬사를 받았다. 역사상 최초로 원조받던 후진국에서 원조하는 선진국으로 승격됐다. 산업화와 민주화, 그리고 선진국 진입의 짧은 역사적 경험을 예찬하는 '대한민국 이데올로기'라고 할 만한 태도들이 확산됐다.

민주주의, 승리의 서사가 낳은 역설

2020년 9월 22일, 이병훈 의원 등 민주당 의원 11명이 '국민보호와 공공안전을 위한 테러방지법' 개정안을 제출했다. 2016년 초 정국을 뜨겁게 달궜던 바로 그 '테러방지법' 말이다. 국가정보원이 임의로 테러 위험을 상정하고 국민을 사찰할 수 있게 한, 박근혜 정권의 반민주성을 상징하는 악법이다. 무제한 필리버스터로 맞서던 민주당 의원들의 모습이 기억에 생생하다. 민주당은 집권하면 즉각 폐지하겠다고 다짐했다. 2017년 대선에서는 전면 개정을 공약했다.

그리고 아무 일도 없었다. 민주당 집권 후 서훈 국정원장 후보자는 인사청문회 자리에서 "국정원 입장에서는 현존하는 법은 이행하는 것이 맞다"고 말했다. 사찰하겠다는 말이다. 이병훈 의원 등이 낸 개정안은 "고의로 감염병에 대한 검사와 치료 등을 거부하는 행위"를 테러로 추가하자는 강화안이었다. 법안은 "입법권을 남용해 비현실적인 처벌만 늘어날 것"이란 비판을 받고 결국 철회됐다. 민주당 정권 아래서는 테러방지법도 좋은 법이 되는 것일까? 폐지나 전면 개정안은커녕 어떻게 강화안이 나올 수 있었을까?

테러방지법 강화 시도는 일회성 해프닝이라기에는 징후적이다. 민주적 시민성이 정당성에 대한 확신 속에서 오히려 신념에 찬 권위주의로 '흑화'할 수도 있음을 보여주는. 앞서의 KBS와 『시사IN』 여론조사로 돌아가보자. 조사 결과 중에는 이런 것도 있다. 해마다 같은 형식으로 조사하는 한국종합사회조사(KGSS)를 기준으로 2016년과 비교했을 때 권위주의 성향이 전반적으로 강화되었다. "우리나라를 망쳐놓고 있는 극단주의를 제압할 강력한 지도자가 필요하다"는 문항에 대한 긍정이 2016년 4.42에서 2020년 5.03으로 상승했다. "정부 권력에 비판적인 사람들은 국민을 쓸데없이 혼란스럽게 만들 뿐이다"라는 문항은 3.73에서 3.97로, "우리나라에 진정으로 필요한 것은 폭넓은 인권 보장이 아니라 좀더 강력한 법질서다"라는 문항은 4.00에서 4.62로, "우리의 가치관과 법질서를 보존하기 위해서는 사회의 문제 집단들을 강력히 척결해야 한다"라는 문항은 4.10에서 4.70으로 긍정 응답률이 상승했다. 더욱 문제적인 것은 문재인 대통령 지지층일수록 권위주의 문항들에 대한 긍정 응답률이 높았다는 것이다.[*] 권위주의는 한일 비교로 진행한 2020년 11월의 조사에서 더욱 증폭됐다. "마스크를 안 쓴 사람은 정부가 적발해 처벌해야 한다"라는 문항에 일본인들은 43%가 찬성했다. 한국인은 무려 89%가 찬성했다.[**] 양국 모두 마스크 착용률이 매우 높은 나라라는 점은 같다. 규범을 어긴 시민에 대한 적대감은 한국 쪽이 훨씬 높았다.

K-방역을 훼손하는 자들과 '희생양 만들기'

'자랑스러운 K-방역'을 훼손하는 것으로 간주되는 자들에 대한 집단적 분노와 '희생양 만들기'에 대해서도 생각해보자. 우선 중국인 혐오. 기왕에 폭넓게 확산되고 있던 중국, 중국인 혐오가

---

[*]「코로나19가 드러낸 '한국인의 세계' – 갈림길에 선 한국 편」,『시사IN』2020.6.12.
[**]「'방역정치'가 드러낸 한국인의 세계 – 의문 품는 한국인들」,『시사IN』2020.12.22.

코로나19 바이러스를 계기로 폭발했다. 유명한 보수 지식인은 일간지 칼럼에서 '방역독립선언서'라며 중국인의 한시적 출입금지를 포함한 과격한 주장들을 펼치기도 했다. 이후 경과를 돌이켜보면 얼마나 지독한 '단견'이었나? 코로나19는 그렇게 쉽게 끝나는 게 결코 아니다. 지식인의 성찰적 개입이라기보다는 총선을 앞둔 정치적 선동에 가까웠다. 부끄러운 일이다.

대면 예배를 강행한 일부 개신교에 대한 대중의 분노, 특히 진보 쪽의 비난 역시 비합리적이기는 마찬가지였다. 종교시설발 집단감염의 대다수를 개신교가 차지한 것은 맞다. 분노하는 것도 이해는 간다. 문제는 분노의 크기다. 개신교계 여론조사기관인 목회데이터연구소가 발표한 '코로나19 정부 방역 조치에 대한 일반국민 평가조사'에 따르면 한국인들은 코로나19 확진자의 44% 정도가 개신교회발이라고 믿는다. 질병관리청이 발표한 감염원 통계에 따르면 개신교회발 확진자는 11%였다.[*] 저지른 것 이상의 비난을 옹호해서는 안 된다. 그래도 된다면 자신들이 비난하는 이른바 '기레기'와 무엇이 다른가?

확진자의 자세한 동선은 물론, 연령과 성별까지 함께 공개한 것도 충격이었다. 방역과 아무 상관도 없는 연령과 성별 정보가

---

[*] 「코로나19'로 교회 신뢰도 급락… 1년 만에 32%→21%」, 『연합뉴스』 2021. 1. 29.

공개되면서 해당 지역에서는 확진자 추측과 추적이 벌어지는가 하면, 사생활에 대한 온갖 억측들이 난무하기도 했다. 결국 연령, 성별 정보 공개는 없어졌지만, 이미 피해를 입은 사람들은 부지기수였다. 비판과 반성도 부재했다. 지나고 보니 대다수가 걸리게 되어 있던 코로나19였다. 우연히 먼저 감염되었을 뿐인데 우리 이웃 중 일부는 동선과 신상정보가 만천하에 공개되고 손가락질당했다. 부끄러운 일이다.

그중에서도 심각했던 것은 헌법상의 기본권인 집회와 시위의 자유에 대한 극심한 제약이다. 감염병예방법에 의거한 합법적 조치라고 해도 정도가 지나쳤다. 이후에 제한이 완화됐지만 오랫동안 사실상 1인시위만 허용됐다. 참가자 명단 작성과 발열 체크, 마스크 쓰고 거리두기 등 방역수칙 준수를 약속하고 실행한 집회들도 모두 금지되거나 강제 해산됐다. 큰 타격을 입은 비정규직 노동자와 자영업자들의 집회가 이런 식으로 금지됐다. 폭증한 근무 탓에 수십명이 과로로 죽어간 택배노동자들이 노사합의를 이행하라며 살려달라던 집회도 금지되고 구속되고 수배됐다. 국가인권위원회가 지나친 집회 제한을 삼가라고 권유하고, 국제보건기구가 감염병을 빌미로 한 기본권 제한은 안 된다며 우려를 표했지만, 정부와 여당은 거리낌이 없었다. 과문한 탓인지 모르겠지만 정부여당 지지자 사이에서 자성의 목소리도 들려오지 않았다. 노동자와 자영업자들의 집회, 시위가 금지되는 동안 수백수천명이 거리두기도 하지 않은 채 참가한 거대정당들의 대선 유세는 자유롭게 열렸다. 마스크를 쓰지 않은 참가자도, 후보도 있었지만, 비난도 제지도 없었다.* 민주화운동을 정통성으로 삼는 정권 아래서 벌어진 일이다.

이제는 백신만 맞으면 "코로나 끝!"이 오지 않는다는 걸 알게됐다. 바이러스는 날로 변이하고, 전문가들은 코로나19가 끝나도 계속 전염병과 더불어 살아야 하리라고 경고한다. 토론 한번도 없이 헌법상의 기본권들을 손쉽게 억누르는 일을 앞으로도 반복해야 할까? 힘센 정당들은 자유롭게 집회를 열면서, 노동자와 자영업자는 그 권리를 억압당하는 이 기묘한 '전시 총동원 체제'가 그렇게 당연한 것일까? K-방역의 성공 요인을 수평적이고 민주적인 시민성에서 찾았던 『시사IN』의 기사는 그래서 이런 우려를 동시에 제기하고 있었다. "우리는 수평적이고 민주적인 시민들 덕에 방역에 성공했지만, 성공의 결과 우리는 더 수직적이고 권위 지향적인 사람이 될지 모른다." 그 우려가 현실이 되었다.

---

* 「집회는 인원 제한, 유세는 무제한, 차별적 방역 기준」, 『한국일보』 2022. 1. 29.

알아서 살아남으라는 각자도생의 이데올로기

코로나19의 충격으로 각국 정부는 천문학적인 재정적자를 감수했다. OECD에 따르면 2020년의 재정적자 규모는 GDP 대비 영국 16.7%, 미국 15.4%, 스페인 11.7%, 이탈리아 10.7%, 일본 10.5% 등으로 추산됐다. 반면 한국은 4.2%로 OECD 주요 42개국 중 네번째로 작았다.* 한국은 코로나19 피해가 가장 작았던 나라들에 비해서도 재정지출이 특별히 적었다. 이런 한국 정부의 태도를 잘 보여주는 두가지 사례가 재정준칙 도입과 손실보상이다.

코로나19에 따른 위기에 대응하기 위해 미국과 유럽연합 등 세계 각국의 정부가 무제한 확장재정 기조를 이어가던 2020년 10월 5일, 한국의 기획재정부는 한국형 재정준칙을 도입한다고 발표했다. 2025년부터 국가부채 비율을 GDP의 60% 이내로 제한하고, 통합재정수지 적자를 GDP의 3% 이내로 제한한다는 내용이었다. 한마디로 정부의 재정운용 능력을 제약하겠다는 말이다. OECD에서 재정 상태가 가장 양호한 나라가, 위기에 빠진 서민을 위해 돈을 써야 할 절체절명의 시기에 앞으로 더욱더 허리띠를 졸라매겠다고 선언한 것이다.

---

* 「IMF·OECD "올해 한국 재정적자, 선진국 중 2~4번째로 적어"」, 『연합뉴스』 2020.
 12. 20.

용돈 수준의 재난지원금조차 늘 우여곡절 끝에 지급하던 문재인 정부는 행정명령에 따라 영업을 중단하거나 제한했던 자영업자에 대한 손실보상은 극도로 회피했다. 결국 2021년 7월 1일에 '소상공인 보호 및 지원에 관한 법률 일부개정안', 즉 '손실보상법'이 통과됐지만, 법 시행 이전의 손실에 대한 소급 보상은 거부됐고, 구체적인 손실보상 기준이나 규모도 불확실했다. 그나마 다행히 10월 27일부터 상한액 1억원까지 80%의 보정률로 피해를 보상받게 되었다. 소급 보상은 여전히 불가다. 2020년 기준 자영업자의 부채는 전년 대비 29.6% 폭증했다. 영업을 제한시킨 정부가 지갑을 닫으니 각자 빚으로 도생할 수밖에. 그 빚마저 내지 못한 수많은 자영업자들이 문을 닫았다. 그 와중에 2021년 재정 운용 결과 61조원 초과세수라는 말도 안 되는 사태가 일어났다. 적자로 서민을 돕기는커녕 오히려 역대급 흑자재정을 이룩한 것이다. 누구를 위한 정부인가?

당시 집권여당이던 민주당의 국회의원이나 강성 지지자들은 곧잘 홍남기 전 경제부총리를 이 사태의 원흉으로 지목하곤 했다. 그를 임명하고 끝까지 지지한 세력이 바로 민주당 정부다. 남이야기 하듯 말하면 안 된다. 좀더 심각한 문제도 있다. 이 문제를 단지 집권여당 핵심부의 안일함이나 경제관료의 반민중성이라는 프레임으로만 봐도 될까? 앞서 소개한 2020년 11월에 실시된 『시사IN』, KBS의 한일 여론조사에 코로나19로 인한 사회 각 부문의 손실에 대해 정부가 얼마나 지원해야 하는지 묻는 문항이 있었다. 한국인의 적극 지원 의사는 일본인보다 일관되게 '매우' 낮았다. 한국 대 일본의 순서로 자영업자에 대해서는 45% 대 72%, 비정규직 44% 대 69%, 청년 구직자 35% 대 56%, 중소기업 30% 대 66%로 적극 지원 찬성 비율이 차이가 난다.* 한국인들은 각자도생 이데올로기의 신봉자들인 것만 같다.

들리지 않는 목소리들

코로나19 사태의 와중에 아파트 값이 폭등했다. 분노의 목소리가 높다. 민주당이 정권을 잃은 가장 큰 이유라는 분석도 곧잘 제기된다. 폭등의 원인을 두고 글로벌 유동성 과잉인지, 정책의 오류 탓인지 갑론을박도 많다. 그것은 그것대로 중요한 논란이 맞다. 하지만 그 속에 잘 들리지 않는 이야기들이 있다. 2021년 4월 KB부동산의 발표에 따르면 서울·수도권 상위 20% 아파트의 평균 매매가격은 13억 5,899만원에 달한다. 지방 상위 20%는 3억 8,470만원, 수도권의 하위 40% 수준이다. 하위 20%는 수도권 2억 1,024만원, 지방 6,660만원.** 수도권 부동산이 폭등의 문

---

* 「'방역 정치'가 드러낸 한국인의 세계 − 의문 품는 한국인들」, 『시사IN』 2020. 12. 22.
** 「'1억 vs 10억' 文정부 들어 아파트 빈부격차 더 벌어졌다」, 『뉴스1』 2021. 4. 5.

제라면, 지방의 부동산은 소멸 위기의 문제다. 후자는 거의 주목받지 못한다.

임대주택을 포함한 주거의 공공성 담론은 아예 사라졌다. 공공임대라면서 소득 기준이 아니라 주변 시세 기준 70~80%의 임대료를 내야 하는 것이 한국식 공공임대주택이다. 그나마 시세의 20~30%에 거주 기한이 없는 영구임대주택이 공공성의 최후 보루 노릇을 한다. 앞서 언급했듯 노태우 정부 때 21.4만호를 지은 후 중단됐다. 그때 지은 게 전부다. 이른바 민주정부들도 잊어버렸다. 비적정 주거시설 문제는 더 심각하다. 약 227만 가구가 옥탑방, 반지하, 쪽방, 고시원, 비닐하우스처럼 집이라고 부르기 어려운 데서 산다. 이들도 잊었다.

2021년 1월 26일, 드디어 '중대재해 처벌 등에 관한 법률'이 제정됐다. 당시 기업과 보수야당의 반발이 심했고, 집권여당이던 민주당의 의지는 미약해서 결함이 많다. 일단 입법이 성사된 것만 해도 다행이다. 하지만 산재 관련 논란은 철저히 중후장대형의 남성형 산재사고에 집중된다. 건설업, 제조업처럼 남성이 많이 일하는 현장에서 큰 재해가 많이 발생하는 것은 맞다. 여성의 산재는 잘 가시화되지 못한다. 여성 노동자들은 가사노동자, 간병인 같은 비공식 부문, 특수고용직, 무급가족종사자 등이 많다. 대개 산재보험 적용 예외의 폭이 넓어서 산재 통계에 안 잡힐 확률이 높다. 그나마 산재 가입 여성 노동자의 산업재해 현황이라도 제대로 파악하려면 성별로 집계된 업무상 질병 '인정률' 통계가 필요하다. 근로복지공단은 그런 통계를 내지 않는다. 2017년 여성가족부가 2015년 자료를 제공받아 자체 확인한 결과 여성의 업무상 질병 인정률은 남성에 비해 10%포인트 이상 낮았다.* 역시 들리지 않는 이야기다.

조국 전 법무부장관 임명 과정에서 불거진 '공정'과 '능력주의' 논란은 민주당 정권의 정당성을 뒤흔들 정도로 파급력이 컸다. 강남좌파와 586세대의 '내로남불' 위선에 대한 환멸이 번졌다. 그렇게 공정을 내세우며 정권과 각을 세운 윤석열 당시 검찰총장이 '국민의힘'에서 대통령 후보가 되고, 급기야 대통령이 되는 '사태'가 일어났다. 이 또한 역사적인 일이다. 이제 얼마나 공정하게 정부를 꾸려갈지 관심이 모이지 않을 수 없다. 그 첫 내각의 각료들이 살아온 삶들이 내로남불에서 조금도 뒤지지 않는다. 심지어 법무부장관이 된 한동훈은 조국 전 장관 수사를 지휘하는 와중에 그렇게 자녀의 스펙을 만들었다니 솔직히 허망할 정도다. 누가 누구를 단죄한다는 것일까?

최상류층 엘리트들 사이의 목숨 건 이전투구의 와중에 대학 서

---

* 「건설업은 위험, 돌봄은 안전?… 성별 편견에 가려진 여성 산재」, 『한겨레』 2021. 7.13.

열화 체제의 바깥에 있는 실업계 고교, 전문계 대학, 제조업 현장의 청년 노동자들은 아예 없는 존재처럼 취급되고 있다. 2011년 전문대 전자과를 졸업한 후 중소기업 현장을 전전한 노동자 천현우의 증언은 곱씹어볼 만하다.

육체노동과 잔업에 시달리는 제조업 2030은 올라갈 사다리가 없습니다. 지금 삶에서 나아지려면 기술이든 기능이든 발전시켜야 하는데, 고급 기량을 필요로 하는 회사는 신입을 안 뽑구요. 지방에서 받는 직업교육 퀄리티는 형편없는 수준입니다. (…) 체념은 냉소가 되고 냉소는 분노가 됩니다. 청년들은 국가의 위선과 무능을 비토하며 평등의 함정을 파고듭니다. 여기에 야당은 당대표 교체 후 한층 더 노골적인 메시지를 던집니다. "능력대로 갑시다." 시험으로 무능한 이들을 가려, 그들이 차지한 자리를 빼앗아 돌려주겠노라 말합니다. 당장 2030 청년들이 눈을 돌려보면 노조에 가입한 40대 후반부터 50대 후반 정규직이 보입니다. 같은 일 하면서 훨씬 고액의 연봉과 고용안정을 챙겨가죠. 심지어 노조원 대다수가 위선적인 정부를 옹호합니다. 밉상일 수밖에 없습니다. (천현우 페이스북 2021.7.19)

중산층 민주주의인가, 엘리트 과두제인가

토마 피케티 Thomas Piketty 는 2019년에 출간한 『자본과 이데올로기』(안준범 옮김, 문학동네 2020)에서 서구의 정치구도 변화를 다룬다. 1950~80년대에 서구의 정치갈등 구도는 계급주의적이었다. 저학력 노동자들은 사회당, 사민당, 노동당, 민주당(미국) 등 선거좌파를 지지한 반면, 고학력, 상층일수록 선거우파를 지지했다. 1990년대 이후 구도가 완전히 변했다. 선거좌파는 고학력 엘리트 정당으로 변했다. 선거우파는 자산 엘리트의 정당으로 남았다. 고학력 엘리트와 자산 엘리트의 과두제가 성립했다. 공업 노동자를 포함한 인민 계급은 선거좌파가 자신들을 버리고 고학력 특권층을 대변한다고 믿는다. 트럼프와 브렉시트를 지지한 사람들, 유럽의 극우정당 지지층으로 흡수되고 있는 이들이다.

한국의 사정은 어떨까? 서구처럼 장기간의 충실한 선거 후 조사자료가 없어서 학력과 자산에 따른 정당 지지층의 변화를 알기 어렵다. 그래도 한가지는 분명하다. 정당 지지도 조사가 축적된 갤럽의 자료에서 확인되는 바는, 저학력층의 보수 지지가 일관된다는 것이다. 연령 변수를 통제해도 마찬가지다. 학력과 소득의 상관관계를 고려하면 한국에서도 선거좌파가 고학력 중산층을 대변하는 정당일 가능성은 꽤 높다.

『공정하다는 착각』(함규진 옮김, 와이즈베리 2020)에서 마이클 샌델 Michael Sandel이 지적하는 것처럼, 미국 민주당과 영국 노동당은 우파보다 더 노골적으로 능력주의를 지향해왔다. 2016년 대선에서 패배한 힐러리 클린턴Hillary Clinton은 자신이 미국 GDP의 3분의 2를 생산하는 지역의 3분의 2에서 승리했다고 강조했다. 잘사는 지역에서 이겼다는 자랑이다. 그 선거에서 민주당은 역사상 최초로 소득 상위 10%에서 공화당보다 더 많은 지지를 얻었다. 토니 블레어Tony Blair 총리는 총선에서 승리한 1997년에 이렇게 선언했다. "엘리트의 영국은 끝났다. 영국은 능력주의다." 2001년의 연설에서는 영국 사회가 능력주의 사회로 개조되어야 하고, 노동당은 능력주의 정당이 되어야 한다고 역설했다. 노동당은 2016년 브렉시트 국민투표에서 1세기 만에 처음으로 보수당보다 노동자 계급 지지도에서 뒤졌다. 친노동당 고학력 엘리트들은 기회와 경쟁의 큰 무대인 유럽연합을 지지했다. 고향을 크게 벗어나지 않은 채 노동에서 삶의 의미를 찾아온 노동자들은 왜 자신들이 유럽의 동쪽이나 남쪽 끝에서 온 노동자들과 치열하게 경쟁해야 하는지 납득하지 못했다. 브렉시트는 어디서든 누구와도 경쟁할 의욕을 갖춘 애니웨어 엘리트에 대해, 왜 우리가 그렇게 살아야 하느냐고 묻는 썸웨어 인민의 반란이었다. 영국 노동당원 출신의 저널리스트인 데이비드 굿하트David Goodhart가

『엘리트가 버린 사람들』(김경락 옮김, 원더박스 2019)에서 묻는 논점이다.

자유무역, 개방 확대, 교육개혁을 통한 인적자원의 경쟁력 강화, 지식정보경제로의 전환 등이 서구 선거좌파들의 총노선이었다. 한국의 선거좌파라고 할 만한 민주당 계열의 정당들도 별로 다르지 않았다. 정보화 투자, 신지식인 제도 창설, 평생학습의 제도화, 대학개혁 모두 김대중 정부의 '업적'이다. "사람이 경쟁력"이라며 교육부를 교육'인적자원'부로 바꾼 것도 김대중 정부였다. 그 정점은 노무현정부의 한미 FTA였고, 그 총노선은 참여정부의 장기국가재정계획 「함께 가는 희망 한국 비전 2030」으로 구체화된 사회투자국가론이었다. 노무현은 "사회투자는 우리 국민을 경쟁력 있는 국민으로 만든다는 것"이며, "인적 자본 투자, 기회 균등, 예방적 투자, 경제·사회 정책의 통합을 통해 지속가능한 성장의 토대를 만들어가는 국가전략"이라고 강조했다. "사람이 경쟁력이므로 경쟁력 있는 국민을 만들자"고 설파했다.[*]

인민의 자격을 생각한다

다시 한번 민주주의라는 말을 떠올려보자. 그것은 인민의 힘,

---

[*] 「참여정부 평가포럼 강연(2007.6.2)」, 『노무현대통령연설문집 제5권』, 대통령비서실 2008, 309면.

지배라는 뜻이다. 인민이 지배의 주체임과 동시에 객체라는 모순적 특징은 민주주의에 대한 수많은 비판과 성찰의 끊이지 않는 원천이 된다. 『정치적인 것의 가장자리에서』(양창렬 옮김, 길 2008)의 저자 자크 랑시에르는 민주주의라는 말이 반대파들이 만든 말이라는 데 주목했다. 민주주의의 반대파들은 누구였을까? 나이, 출생, 부, 덕, 지식처럼 통치할 '자격'을 가진 자들이다. 달리 말하면 데모스의 통치, 즉 민주주의는 통치할 자격이 없는 자들의 통치, 몫이 없는 자들의 통치를 가리킨다. 플라톤은 민주주의의 아르케arche, 즉 근거가 역설적이게도 아르케 없음, 즉 근거 없음에 있다고 비판했다. 민주주의는 근거 없는 체제라는 말이다. 스승 소크라테스를 죽인 민주주의를 플라톤은 경멸했다.

젊어서 민주주의의 깃발을 휘두르고, 한때 뜨겁게 촛불을 들었던 이들 중에서 민주주의자를 자처하는 주류 엘리트가 되어 인민의 자격을 따지는 이들이 적지 않다. 비극적 죽음을 맞은 자기 진영의 지도자는 자격 없는 인민 따위가 갖기에는 너무 과분했다는 경멸의 언사를 서슴없이 내뱉는다. 배움이 모자라서 보수정당을 지지한다며 인민을 나무라기도 한다. 함께 촛불을 들었다가 더이상 지지하지 않는 이들을 향해 '개·돼지'라고 욕하기도 한다. 코로나19의 와중에 극명하게 드러났듯이 더 많은 인민들, 약하고 힘없는 사람들은 이들의 시야에서 사라졌다. 중산층이 되면서 잊어버린 것일까?

비난의 말을 뱉고 나니 문득 자신을 돌아보게 된다. 따지고 보면 나는 지금까지 누구를 비판하고 있었던 것일까? 어느덧 중산층이 되어 안온한 자리에서 안전하게 이야기하고 있는 나에 대한 이야기였던 것은 아닐까? 그러니까 내 얼굴이 민주주의의 적을 닮았다. 점점 더 닮아가는 것 같아 때로 아득해진다. 많은 이들이 조금씩 닮아 있을 것도 같다. 말할 권리를 갖지 않는 자들이 말을 하는 것, 몫이 없는 자들이 몫을 제기하는 것이 민주주의라면, 우리의 민주주의는 1987년 이후에 시작된 것이 아니다. 민주주의는 처음부터 시작해 있었고, 아직 시작되지 않았다. 우리가 그 목소리를 듣는 것이 먼저다.

선을 지키는 사람들, 선 너머의 사람들

모욕과 수치심의 시절

2016년 6월 초, 서울지하철 2호선 구의역 9-4 플랫폼, 스크린 도어에는 1,000장이 넘는 추모의 포스트잇이 가득 붙어 있다. 그 중 몇개를 읽어본다.

　— 지하철 진입할 때 나는 굉음이 너의 비명소리처럼 들려서 가슴이 아프다. 그곳에선 컵라면 말고 고기 먹어.

　— 나랑 동갑인 친구야, 나도 너처럼 청년 노동자로 살아가고 있다. 너는 죽고 나는 살아남았구나. 미안하고 부끄럽고 화난다. 그곳에서는 편안하길…

　— 비정규직은 혼자 와서 죽었고, 정규직은 셋이 와서 포스

트잇을 뗀다.*

   2016년 5월 28일, 오후 5시 57분, 서울 지하철 2호선 구의역 승강장에서 스크린도어를 수리하던 용역업체 은성PSD 소속의 김건우 씨(19세)가 열차와 스크린도어 사이에 끼어 사망했다. '구의역 김군' 사건이다. 안전을 위해 2인 1조 작업이 원칙이었지만 일손이 모자란 탓에 혼자 작업하다 참변을 당했다. 지하철 1~4호선 운영 주체인 서울메트로는 규정을 어기고 홀로 작업을 시켰다며 용역업체를 비난했고, 용역업체는 김군의 실수 탓이라며 변명했다. 법원은 서울메트로와 은성PSD 모두에게 책임을 물었다.

   이미 수차례 반복된 죽음이었다. 비용 절감을 위한 위험의 외주화에 서울시와 산하 공기업도 예외는 아니었다. 침묵을 지키던 고 박원순 당시 서울시장은 사흘 만에 사고 현장을 찾아 애도를 표하고 안전 책임자로서 사과했다. 그의 재임기 동안에도 지하철 안전 예산은 계속 감축되고 있었다. 진상조사가 진행됐고, 이윽고 방향 전환이 시작됐다. 서울시는 하청업체 소속 노동자들 대부분을 무기계약직으로 직접 고용했다. 그리고 2017년 5월, 문재인 정부가 출범하던 때, 서울메트로와 서울도시철도공

---

* 「하늘로 보내는 구의역 포스트잇, 528개의 편지」, 『헤럴드경제』, 2016.6.2.

사(5~8호선)가 통합, 서울교통공사가 출범했다. 그리고 7월, 서울도시철도공사의 정규직과 동일 업무를 수행하는 서울메트로 무기계약직 노동자들의 정규직 전환이 발표됐다. 김군의 동료들이다. 그리고 뜻하지 않은 곳에서 반발이 터져 나오기 시작했다. 정규직 노동자들이었다.

교통공사 내부 게시망에서부터 무기계약직을 향한 정규직의 온갖 욕설 글과 비하발언을 쉽지 않게('어렵지 않게'의 오기로 추정됨―인용자) 찾을 수 있다. '정의구현, 무임승차 놈들아' '무임승차 무기업무직들은 XX야 된다'는 등의 격한 발언은 양호한 편이다. 무기계약직을 '빨갱이'나 '통합진보당 잔존세력'으로 지칭하면서 '평양교통공사로 꺼지라'며 뜬금없는 이념 공세를 펼치는 글도 보인다. '수십년간 메트로와 함께한 노숙자랑 잡상인은 편입 안 시키느냐'라거나 '폐급을 폐급이라고 부르지 못하느냐' 등의 인신공격성 표현도 상당하다.*

공공기관 비정규직의 정규직화를 둘러싼 여러 쟁점도 중요하다. 노동자가 같은 노동자를 모욕하는 참담한 사태가 더 충격적

---

* 「"폐급 XX, 공산당"… 서울교통공사 비정규직, 인권위에 진정」, 『노컷뉴스』 2017.12.7.

이다. 군자차량기지에서 차량검수원으로 일하던 무기계약직 김 모씨(35세)가 11월 16일, 자신의 자취방에서 스스로 목숨을 끊었 다. 수치심을 견디지 못했다. 김씨의 지인은 경찰 조사에서 "고 인은 최근 정규직 전환이 물 건너갈까 봐 걱정이 많았"고, "무기 계약직에 대한 근거 없는 인격모독에 힘들어했다"고 진술했다. 정규직 직원들로부터 인신공격을 당하던 무기계약직 노동자들 이 급기야 국가인권위원회의 긴급구제를 신청하는 사태까지 벌 어졌다.

이제 '귀족노조'를 탓하면 되는 걸까? 단지 '그들'만의 문제일 까? 동료 시민에 대한 모욕의 정동이 우리 사이에 폭넓게 자라고 있는 것은 아닐까? '김군'의 죽음 무렵으로 돌아가보자. 사고 한 달쯤 뒤인 6월 말, 서울시 산하 최대 공기업 중 하나인 서울주택 도시공사(SH)의 변창흠 사장은 내부 회의에서, "사실 아무것도 아닌데, 걔만 조금만 신경썼었으면 아무 일도 없는 것처럼 될 수 있었는데 이만큼 된 거"라며 화를 냈다. '김군'의 잘못으로 시정이 어려워졌다며 분노했다. 공유형 임대주택에 공동식당 설치 여부 로 토의를 진행하던 중에는 "못사는 사람들은 밥을 집에서 해 먹 지, 미쳤다고 사 먹느냐?"라고도 했다. 2020년 12월, 문재인 정 부의 국토교통부장관으로 지명되면서 인사청문회 과정에서 밝 혀진 발언이다. 그는 민주 진영의 전문가로 널리 알려진 인사다.

그가 특별히 예외일까?

　아주 오랫동안 한국사회에서 관습적으로 묘사되어온 정동의 대립선이 있다. 한줌의 특권세력 대 대다수 보통사람이라는 구도다. 재벌, 군부독재와 그 정치적 후예들, 기득권 옹호에 여념 없는 극보수 언론이 한쪽에 서 있고, 그 맞은편에 아니 차라리 아래편에, 절대다수의 노동하는 선량한 보통 사람들, 사회적 약자들, 그리고 그들과 연대해온 민주세력이 있다. 위에서 아래로 모욕이 쏟아지면, 아래에서 위로 분노가 솟구친다.

　언제부터인가 전혀 다른 양상의 대립선이 그어지고 있다. 이 대립 구도에서는 정규직과 비정규직이, 남자와 여자가, 강남과 강북이, 서울과 지방이, '인서울' 대학생과 지방대생이, '시민'과 '이주민'이 대립한다. '을들의 싸움'이라지만 같은 을이 아니다. 이들은 평등하지 않다. 모욕과 수치심은 기왕의 대립 전선을 따라 흐르지 않고, 우리 곁에서 도처에 난만하다. 어쩌다 이렇게 된 걸까? 당연한 걸까? 답이 있기는 한 걸까? 알지 못한 채로 일단 떠나보자. 우리가 대립 없이 하나였다고 느꼈던 순간으로. 어쩌면 거기 힌트가 있을지도 모른다.

촛불, 직접행동의 깃발 아래서

"어디야? 여기 사람들이 너무너무 많아."

"뭐가 보여? 그래? 그럼 바로 근처일 텐데…"

"아, 나 깃발 아래 있어. 그거 찾아서 와. 이름 웃긴다. 우리 동네탁구연구회! 탁구채 그려져 있어."

2016년 11월의 어느 토요일 저녁, 광화문에 모인 100만명도 넘어 보이는 촛불집회 군중의 함성 속에서 그녀는 소리를 지르고 있었다. 인파 탓에 사람들은 서로 만나지 못했다. 그녀도 그랬던 것 같다. 잠시 후 그녀가 '우리동네탁구연구회' 깃발 아래서 남자와 만나는 게 보였다. 나와 이웃들이 급조해서 들고 나간 탁구동호회 깃발이 그렇게 펄럭이고 있었다.

박근혜 정권을 무너뜨린 촛불집회는 곧잘 촛불항쟁, 심지어 촛불혁명으로까지 불리곤 한다. 한반도 역사상 최대 규모의 저항운동이었다. 연인원 400만명이 참가한 1987년 6월항쟁을 아득히 뛰어넘어 1,700만명 가까운 사람이 참가했다. 다시 보기 어려울 것이다.

집회와 시위는 놀라울 정도로 시종일관 평화로웠다. 가수들의 공연과 시민 발언이 번갈아가며 문화제가 진행됐다. 촛불의 정동이 격렬해질수록 축제의 환희에 가까워졌다. 사회학자 에밀 뒤르켐Émile Durkheim은 『종교생활의 원초적 형태』(노치준·민혜숙 옮김, 한길사 2020)에서 축제가 제공하는 주연orgy과 황홀경ecstasy이라는 형태의 '집합적 열광'은, 바로 군중들이 "한 장소에 모인다는 사실 자체"에서 비롯된다고 통찰한 바 있다. 촛불대중은 모여든 자신들에게 열광하는 '사회'의 원초적 형태였던 것만 같다.

촛불에는 명시적인 지도부도 없고 모두 평등했다. 박근혜정권퇴진비상국민행동은 집회의 실무 진행자에 그쳤다. 어떤 정당도, 사회운동 세력도 '박근혜 퇴진' 이외의 다른 의제를 꺼낼 수 없었다. 촛불 기간 중에 '와글'이라는 이름으로 토론을 위한 온라인 시민의회가 시도된 적이 있다. "누가 감히 대표를 자임하느냐"라는 준엄한 반발에 곧바로 취소됐다.

촛불은 대변을 거부했다. 정당은 물론 노조나 학생회, 시민단체의 깃발도 따르지 않았다. 2008년 미국산 쇠고기 수입 반대 시위 때는 쇠고기 수입 반대, 이명박 퇴진 외에도 수많은 사회경제적 요구들이 터져 나왔다. 취미 동호회만큼이나 온갖 조직들의 깃발도 펄럭였다. 사람들은 그 아래서 기꺼이 행진했다. 2016~17년의 촛불은 달랐다. '박근혜 퇴진'만 외쳤고, '대한민국은 민주공화국이다'만 노래 불렀다. 주권자 인민이 '직접' 현현한 것만 같았다.

더이상 조직의 깃발 아래 서지 않는 이들은 차라리 취미 모임의 깃발 아래 모였다. '우리동네탁구연구회'도 그중 하나였다. 사람들은 쉽고 부담 없이 모이고 싶어서, 낡은 운동권 방식이 싫어서 '장수풍뎅이연구회' '민주묘총' '국경 없는 어항회' '전국집순이연합' 같이 실체 없고, 그 자체로는 무의미한 깃발들 아래로 모였다. 그러자 무의미함에 의미가 생겼다. 이들은 새로운 시대의 '유연 자발 집단' '자유로운 개인들의 수평적 네트워크' 같은 이름으로 분석됐다. '집단지성' '무리지성' '스마트몹' 같은 용어들이 이들의 창발성을 설명하기 위해 등장했다. 대변자 없이 직접행동을 통해 자기조직화하는 새로운 주체가 등장했다며 세상이 떠들썩했다.

선을 지키는 사람들

촛불에 참가한 이들은 어떤 사람들이었을까? 흥미로운 조사 결과가 있다. 촛불이 한창 진행 중이던 2016년 12월에『내일신문』과 서강대 현대정치연구소가 조사한 내용이다. 우선 촛불에는 뚜렷한 주도 집단이 없었다. 그야말로 '전국민적' 항쟁이었다. 남성(27.9%)의 참가 경험이 여성(20.0%)보다 높았지만, 주부 직군을 제외하면 차이는 사라진다. 밤에 개최된 촛불집회의 특성상 주부가 참가하기 어려웠다는 점을 고려하면 성별 차이는 없었다고 봐도 된다. 세대별로도 20대, 30대, 40대의 참가 비율이 30% 정도로 거의 같고, 50대도 23.4%로 크게 차이나지 않는다. 반면 60대 이상은 10.5%로 많이 낮다. 주관적 계층에 따른 차이도 상 (24.0%), 중(25.7%), 하(22.5%) 사이에 거의 차이가 없다. 다만 직업군은 사무·관리·전문직 종사자(33.1%)가 생산·기능·노무직 종사자(28.3%), 판매·서비스직 종사자(26.1%)에 비해 높았다.*

"어떤 계기로 촛불집회에 참가했는가?"라는 질문에 참가자의 80%가 '뉴스를 접하고 스스로 판단했다'고 응답했다. 타인의 권유에 의한 참가는 소수에 그쳤다. 혼자 참여한 '혼참러'도 13%에 달했다. 조직적 참여는 3%에 불과했다. 정치적 입장도 주목할 만하다. 2016년 촛불집회 참가자들은 2008년 촛불집회 참가자들보다 더 개인주의적이었고, 복지와 대북 태도에서는 덜 진보적이었다. 대의제 민주주의를 파괴한 국정농단 사태에 분노하여 촛불집회에 참가했지만, 직접민주주의를 더 강하게 요구하지는 않았다.

촛불항쟁의 주체들은 농민적인 '민중'도, 산업화 시대의 '대중'도 아니다. 고도자본주의 '포스트모던' 시대의 다중 같은 면모를 지니고 있다. 이 비조직성을 자유로운 개인들의 네트워크라고

---

* 이지호·이현우·서복경 『탄핵광장의 안과 밖: 촛불민심 경험분석』, 책담 2017, 96~98면.

평가할 수도 있지만, 학생회도 노동조합도 힘을 잃어버린 현대 한국사회의 파편화를 보여준다고 볼 수도 있다. 통계에서도 나타나는 중상층 이상의 적극적인 참여도 인상적이다. 고학력·고소득 계층이 가족 단위로 서울 중심가의 고급 호텔에서 하룻밤을 묵으며 촛불집회에 참여했다는 식의 이야기들이 돌아다녔다. 문화연구자 천정환은 『촛불 이후, K-민주주의와 문화정치』(역사비평사 2020)에서 촛불대중의 이런 구성, 지향이야말로 '강남 좌파'를 위시한 민주당 지지 성향의 중상층과 자유주의 부르주아들이 '촛불 이후'를 주도하거나 전유하게 된 배경이라고 지적한 바 있다. 사회경제적 요구를 내고 싶었던 이들이 침묵해야 했다는 것이다.

촛불대중은 제도가 그어놓은 선을 완벽하게 지켰다. 경찰의 질서유지선부터 법질서가 정해놓은 정치 일정까지 질서 유지에 거의 강박적이었다. 그걸 자랑스러워했다. 집회 참여에 가장 머뭇거렸던 제도권 민주파 야당, 민주당이 촛불의 성과를 독점하는 데 주저함이 없었다. 광장에서는 대변을 거부하며 직접행동을 고수했지만, 정치에서는 위임을 넘어 '신탁'이라고 해도 좋을 정도로 민주당에 전적으로 의지했다. 민주당은 마치 맡겨놓은 물건을 찾아가는 것처럼 정권을 획득했다. 이 또한 6월항쟁이나 2008년 미국산 쇠고기 수입 반대 촛불집회 때와 작지 않은 차이다.

광장에서는 직접행동, 정치에서는 완전 위임이라는 이 특이한 이분법적 조합을 어떤 토론회에서는 '마지노선 민주주의'라고 비유하기도 했다.* 절차적 민주주의가 마지노선이 된다. 그 선 앞까지의 침범은 개의치 않되, 그 선의 침범은 용납 못한다. 사회경제적인 문제와 모순들에 대해서는 별달리 저항하지 않되, 절차적 민주주의 훼손에는 거세게 저항한다. 절차적 민주주의가 회복되면 사회경제적 문제의 해결은 다시 정권에 위임하는 행동양식이다. 하지만 마지노선만 열심히 지킨 프랑스는 다른 전선으로 침공한 나치 독일에게 속절없이 무너졌다. 절차적 민주주의만 열심히 지키는 동안, 우리 삶의 뒤편이 무너지고 있던 것은 아닐까?

　　촛불의 질서 있는 자유로움, 그 '다양성 넘치는 자유주의'는 어쩌면 절차적 민주주의에 대한 합의를 넘어서는 지점까지 우리의 연대가 나아갈 수 없었던 현실을 역설적으로 폭로히는 것은 아닐까? 촛불이 주어진 질서의 '전복'을 꿈꾸는 바흐친적 카니발이 아니라, '정상'으로의 회귀를 열망하는 순치된 축제였던 것은 아니었을지 돌이켜보게 된다.

---

* 김윤철·서복경·이승원·이철희·김건우 「〈촛불 1주년 포럼〉 촛불은 우리에게 무엇이었나 "광장이 던진 질문과 시민사회운동의 과제"」, 『시민과세계』 31호, 2018. 마지노선 민주주의라는 표현은 김윤철이 제기한 것이다.

질서의 요구, 공정의 요구

촛불의 염원과 지지를 안고 새 정부가 출범하던 2017년 5월 10일, 문재인 대통령은 상징적이고 징후적인 취임사를 남긴다. "기회는 평등할 것입니다. 과정은 공정할 것입니다. 결과는 정의로울 것입니다." 당대의 문제의식을 집약한 '명문'이다. 만약 촛불을 시작하게 만든 단 한점의 불씨를 찾는다면, 바로 저 문장의 정신 속에 불타고 있다고 말해도 좋다.

박근혜 정권을 탄핵으로 몰고 간 '최순실 게이트'의 시초에는 2016년 여름의 '이화여대 미래라이프대학 사태'가 있었다. 교육부의 '평생교육 단과대학 지원사업'의 일환으로서 고졸 직장인들을 대상으로 실용교육을 실시하고, 학사학위를 수여한다는 사업이었다. 의견 수렴 미비 등에 대한 반발도 있었지만, 고졸 직장인들이 '편법'으로 이화여대생이 된다는 사실이 이들을 노엽게 했다. 재학생과 졸업생의 성명서가 절규하듯 그것은 "대한민국의 고등교육이 갖는 명예와 의의를 무너트릴 것"이었다. 이화여대 역사상 최대의 학내 갈등이 빚어졌고, 그 과정에서 최순실의 딸 정유라의 부정입학 의혹이 불거졌다. 이들의 싸움은 형식에서도 큰 주목을 끌었다. 학생들은 지도부 없이 수평적 토론으로 모든 것을 결정했다. 외부 세력의 개입이나 지원도 엄격히 차단했다.

학생증 검사가 철저했다. 대변자 없는 '순수한' 직접행동으로 일관했다. 촛불과 탄핵은 이화여대생들의 저 싸움이 날갯짓이 되어 일어난 태풍 같은 것이었다.

이들의 싸움을 거치며 영광스런 보상을 누리려면 합당한 수고와 능력이라는 자격이 있어야 한다는 '공정성'이라는 논점이 부상했다. 공정한 자격에 대한 열망은 박근혜 정권을 붕괴시킨 힘이면서 동시에 문재인 정권의 정당성을 뿌리부터 뒤흔든 힘이기도 하다. 조국 전 법무부장관 자녀의 대학 및 대학원 입시부정 혐의를 둘러싼 갈등은 이화여대 사태와 근본적으로 동형적이다. 조국 전 장관의 자녀들이 입학한 고려대, 서울대, 그리고 부산대생들이 벌인 규탄 시위의 근저에는 자신들이 노력과 능력으로 정당하게 얻은 '학벌'이라는 영광의 가치가 불공정한 권력에 의해 훼손됐다는 분노가 깔렸다. 이들도 외부 세력의 개입에 반대하면서 학생증을 검사했다. 당적이 있던 학생들은 집행부에서 배제됐다. 이화여대생들과 같았다.

순수한 자발성에 기반한 당사자들의 직접행동은 촛불시민들이 표방하고 자랑스러워한 이념형, 바로 그것이다. 그러므로 이 대학생들이 벌인 싸움은 정당정치의 진영 논리를 넘어 어떤 맥락에서 촛불과 정신세계를 공유한다. 권리에 대한 요구나 사회경제적인 요구 같은 '외부적'이고 '정치적인' 요구와는 구별되는 목소리, 공정한 절차를 지키라는 목소리, 질서를 지키라는 목소리다.

공정과 정의 사이의 심연

문재인 대통령의 취임사로 돌아가보자. "기회는 평등할 것입니다. 과정은 공정할 것입니다. 결과는 정의로울 것입니다"라는 수사는 사실 상충하는 두가지 의미장과 관련된다. 그에 따른 해석 투쟁도 동반된다. 사회학자 박효민은 「능력주의를 넘어서: 능력주의의 한계와 대안」(한국사회학회 2019년 정기 사회학대회 논문집)이라는 글에서 저 취임사 구절이 다음과 같이 두가지로 해석될 수 있다고 지적한다.

① 기회는 평등하고, 과정은 공정할 것입니다. 따라서 결과는 정의로울 것입니다.
② 기회는 평등하고, 과정은 공정할 것입니다. 그리고 결과는 정의로울 것입니다.

①에서 기회의 평등과 과정의 공정은 결과의 정의를 보장하는 충분조건이다. ①의 조건 아래서 각자가 능력대로 경쟁한다면 결과는 그 자체로 정의롭다. ②에서는 그렇지 않다. 기회의 평

등과 과정의 공정함을 추구하더라도, 결과의 정의는 자동적으로 달성되지 않는다. 결과의 정의는 별도로 추구해야 할 과업이 된다. ①의 입장에서 ②는 ①의 공정성을 훼손하는 불공정이 된다. ②의 입장에서 ①은 ②가 추구하는 정의를 가로막는 부정의가 된다. 둘 사이에 심연이 있다.

영국의 철학자 버나드 윌리엄스Bernard Williams는 1962년에 발표한 에세이 「평등의 관념」(The Idea of Equality)에서 전사사회라는 흥미로운 사례를 통해 이 심연을 통찰할 기회를 제공한다. 이 사회에는 전사와 평민이라는 두가지 세습 카스트가 있다. 소수의 전사들은 모든 위신과 사치품을 독점한다. 극심한 불평등 사회다. 결국 평등주의 개혁가들의 노력으로 규칙이 변경된다. 세습 대신 전사 지위를 얻기 위한 운동 시합이 열린다. 출신에 관계없이 열여섯살이 된 모든 사람이 참가해서 경쟁할 수 있다. 전사의 수는 전과 같이 소수로 정해져 있다. 결과는 어떻게 될까? 영양상태도 좋고 이 시합을 위해 계속 훈련받은 전사 자녀들이 승리한다. 형식적인 기회평등은 있지만, 실질적으로는 기회가 불평등한 사회다. 윌리엄스는 이렇게 말한다. "이른바 기회균등은 더욱 효과적으로 만들지 않는 한 공허할 뿐이며, 사실 이런 기회균등은 존재하지 않는다고 말할 수도 있다."

이 사례를 소개하면서 미국의 철학자 조지프 피시킨Joseph

Fishkin은, 저 건너편의 광범위한 기회의 땅에 도달하기 위해서 좁다란 병목을 통과해야 하는 '병목사회'라는 개념을 제시한다. 병목을 통과한 소수와 통과하지 못한 다수 사이에는 막대한 보상 차이가 있다. 병목 앞의 작은 차이도 큰 보상 차이를 낳는다. 소수만 통과할 수 있는 좁다란 병목을 통과하는 공정한 방법을 두고 다툼이 일어난다. 하지만 사실 질문되어야 할 것은 애초에 이런 정도로 경쟁과 희소성을 일으키는 병목 같은 기회 구조 자체다.

피시킨은 현대사회를 배경으로 '중요한 시험 사회'라는 가설 사회를 세워본다. 전사사회와는 달리 여기서는 여러가지 경력과 직업이 존재하지만, 열여섯살에 치르는 한번의 시험 성적으로 이후의 경력과 직업이 완전히 결정된다는 점은 같다. 보상의 차이 역시 크다. 극단적으로 좁은 기회 구조를 가진 병목사회의 대표적인 사례다.

지금의 한국사회는 피시킨이 『병목사회』(유강은 옮김, 문예출판사 2016)에서 세운 가설 사회가 현실에 구현된 세상이라고 보아도 좋을 것 같다. 사회평론가 박권일은 최근작 『한국의 능력주의』(이데아 2021)에서 고시, 공채, 대입, 등단과 같은 '결정적 시험'들에 주목하고, 한국이 승자독식의 시험지대 사회라고 비판한다. 치열한 경쟁을 거쳐 이 시험들을 통과하면 실제의 성과나 기여와는 무관하게 지속적으로 큰 보상을 받는다. 독점에 의한 초과이익이야말로 지대rent의 본질이라는 점에서 정확한 지적이다. 능력주의의 나라 미국의 엘리트들이 계속 높은 성과를 요구받는 것과도 차이가 있다. 한국은 시험 통과 여부에 따라 보상 차이가 매우 크고 이후의 교정도 사실상 불가능하기 때문에 '위장된 신분제'가 만들어진다. 한국 능력주의의 특징이다.

이런 세상에서는 아무리 경력이 오래되고 성과가 좋아도 비정규직의 정규직 전환은 안 된다. "정규직이 되고 싶은 자, 시험을 쳐라!" 비정규직의 정규직화에 크게 반발한 정규직 노동자나 취업 준비생들의 양보할 수 없는 신념이다. 사실 시험이 정말로 능력의 객관적 잣대인지 여부는 중요하지 않다. 경력도 성과도 그 공정함을 믿기 어렵다는 점이 중요하다. '사회적 신뢰' 수준에 대한 국제비교조사에서 한국은 늘 하위권을 맴돈다. 경력이나 성과 평가 따위를 믿지 못한다. 시험 점수만이 그나마 믿을 만한 평가의 잣대라고 생각한다. 가히 '시험 국민'이라 할 만한 한국인의 특징이다.

선 너머 사람들, 선을 넘는 사람들

조국 사태로 여론이 들끓던 2019년 말, 대통령이 직접 정시 확대 방침을 밝히자 교육부는 '대입제도 공정성 강화 방안'을 발표했다. 그에 따른 정시 확대로 2023년에 추가 입학하는 학생이 얼마쯤 될까? 전체 수험생의 1.4%다. 이게 온 국민의 관심사인 것처럼 부풀려진다. 지방대, 비명문대로 진학하는 대다수의 삶, 대학에 가지 않는 이들의 미래는 관심사가 못 된다.

공정 논란의 핵심에는 이른바 '결정적 시험'이 있다. 이런 시험을 통한 입사와 경력 이행이 중요한 '표준취업경로'를 거쳐 노동시장에 진입하는 이들은 얼마나 될까? 사회학자 양승훈의 논문 「"제가 그래도 대학을 나왔는데": 동남권 지방대생의 일경험과 구직」(『경제와사회』 2021년 가을호)에 따르면, 전체의 10~15% 정도에 그친다. 서울 소재 4년제 대학과 지역거점 국립대 입학 인원을 합친 숫자의 절반 수준이다. 나머지 85~90%는 이 표준취업경로와는 상관없는 삶을 산다. 중소기업, 플랫폼 노동, 영세 자영업 같은 곳들이다.

선을 지키고 싶은 중산층의 눈에 이 선 너머의 삶은 보이지 않는다. 미디어와 정치의 관심도 얻지 못한다. 병목을 통과할 '자격'을 얻지 못한 삶들이기 때문이다. 어떤 삶인가? 대학 재학 시절 나간 현장실습에서 심한 화상을 당해서 병원에 가는데 도무지 아프지 않다. 의사는 화상으로 신경 말단까지 녹는 바람에 아픔을 못 느끼는 거라고 알려준다. 하지만 산재 처리를 못한다.* 우여곡절 끝에 간신히 '중대재해처벌법'이 통과됐지만, 50인 이하

사업장은 5년간 적용이 유예됐고 5인 이하 사업장은 아예 제외
됐다. 산재의 80% 이상은 여기서 발생한다. 강남 부자들의 재테
크 수단인 고시촌 쪽방 건물에 화재가 나서 한꺼번에 여럿이 목
숨을 잃는다. 이런 사태가 종종 반복된다. 쪽방처럼 주택 이외에
거처하는 사람들이 2005년에서 2015년 사이 10년간 일곱배 폭
증했다. 쪽방촌의 '빈곤 비즈니스' 실태를 취재하고 보도한 『한국
일보』 기자 이혜미의 취재기 『착취도시, 서울』(글항아리 2020)에서
최은영 한국도시연구소장은 이렇게 말했다. "2007~2009년 세계
금융위기의 여파로 도시 빈민들이 자구책으로 쪽방에 들어가는
현상이 전 세계에서 나타나고 있지만, 우리나라처럼 폭발적으로
증가한 곳은 없다." 하지만 빈곤한 자의 주거권 정책보다는 중산
층의 자산 형성과 직결되는 부동산 정책이 훨씬 중요하다. 절반
에 가까운(44%) 노인 인구가 빈곤에 허덕이며 폐지를 줍고 공공
근로로 생계를 잇고 있지만, 무식해서 보수정당을 지지한다며
고학력의 진보 중산층에게서 종종 경멸받는다.

모욕, 수치심, 분노, 경멸과 같은 태도와 정동들이 도처에 난
만하다. 물론 이 태도와 정동은 사태의 원인이 아니다. 사태의
근본에는 한없이 좁아진 병목이, 점점 더 심화되고 있는 한국사

---

* 「[천현우의 쇳밥일지](1) "1cm 더 녹았음 발목 짜를 뻔했구마"」, 『주간경향』
  2021.6.28.

회의 불평등이 있다. 게다가 한국사회의 일만도 아니다. 건강의 사회적 결정 요인에 대한 연구로 유명한 리처드 윌킨슨Richard Wilkinson과 케이트 피킷Kate Pickett은 『평등이 답이다』(전재웅 옮김, 이후 2012)에서 "불평등은 분열을 낳으며 아주 작은 차이조차도 불평등한 사회에서는 매우 큰 차이를 낳는 듯 보인다"라고 강조한 바 있다. 불평등한 사회에서 민주주의가 파괴되는 이유다. 중도진보 정당들이 고학력의 중산층 엘리트 중심으로 변모하면서 분노한 노동계급이 속절없이 우익 포퓰리즘의 깃발 아래로 모여드는 것이 서구의 근래 정세다. 남의 일 같지 않다. 선 너머에 사람들이 살고 있다. 그 선을 넘어야 한다. 선 넘어 손잡지 않으면 중산층의 삶조차 쉽지 않다.

3부
간단하지 않은 대안

유토피아, 좋은 꿈을 꾸는 좋은 방법

유토피아 구상의 계보

지상에 이런 나라가 있다. 사유재산도 없고 직업들 사이의 귀천도 없어서 모두가 평등한 나라, 10년에 한번씩 추첨으로 집을 바꾸며 사는 나라, 하루 6시간만 일해도 모두가 풍족하게 사는 나라, 공공의 목표가 충족된다는 전제 아래 원로원과 민회가 펼치는 헌정의 최고 목표가 모든 시민들의 자유 향유와 정신적 교양의 축적에 있는 나라, 모든 사람들이 아주 충분한 교육을 받았기에 아주 적은 법률로도 충분히 분쟁이 조정되는 나라.

이 나라의 이름은 그 유명한 유토피아다. 토머스 모어Thomas More가 자신의 책 『유토피아』(원제: 최선의 국가 상태와 유토피아라는 새로운 섬에 관하여)에서 제시한 이래로, 유토피아라는 낱말은 소설속 고유명사의 지위를 넘어 끊임없이 확장되어왔다. 유토피아는 이상향을 가리키는 보통명사가 되었고, 행복하게 살고 싶은 인류의 꿈을 가리키는 대명사가 되었다. 문학전통이 되고, 사상이 되었으며, 계보를 이어나갔다.

모어에 이어 이탈리아 수도사 톰마소 캄파넬라Tommaso Campanella가 『태양의 나라』(*La citta del sole*)에서 이상국가를 제시했다. 이 나라는 이성으로 계몽된 인간들이 통치하며, 사람들 각자의 일은 공동체의 선에 이바지하게끔 기획된다. 사유재산, 부당한 부, 빈곤이 존재하지 않으며, 어느 누구도 자신에게 필요한 것 이상을 소유하지 못한다. 노동은 하루 4시간으로 끝난다. 요한 발렌틴 안드레Johann Valentin Andreae의 『기독교 도시』(*Christianopolis*)에서도 노동자는 평등하게 살고 평화를 희구하며, 부자는 거부된다. 모든 집은 도시의 소유이며, 개인은 사용을 위해 분배받을 뿐이다. 재산에 따라 사람을 차별하지 않고, 능력과 재능을 갖춘 자를 우대한다.

미국의 문명비평가 루이스 멈퍼드Lewis Mumford의 『유토피아 이야기』(박홍규 옮김, 텍스트 2010)에 나오는 유토피아의 목록을 일별해보자. 플라톤의 『국가』 속 이상국가, 프랜시스 베이컨Francis Bacon의 뉴 아틀란티스, 샤를 푸리에Charles Fourier의 팔랑스테르, 뉴 라나크와 뉴 하모니 실험으로 대표되는 로버트 오언Robert

Owen의 '조화와 협동의 마을', 제임스 버킹엄James Buckingham의 모범도시, 토머스 스펜스Thomas Spence의 스펜소니아, 테오도르 헤르츠카Theodore Hertzka의 자유국, 에티엔 카베Étienne Cabet의 이카리아, 에드워드 벨러미Edward Bellamy의 '2000년의 미국', W. H. 허드슨W. H. Hudson의 수정시대, 윌리엄 모리스William Morris의 에코토피아, H. G. 웰스H. G. Wells의 현대 유토피아, 그리고 맑스와 프리드리히 엥겔스Friedrich Engels의 과학적 사회주의까지.

유토피아 사상은 잃어버린 낙원 에덴동산과 다가올 천국을 설파하는 그리스도교 문명의 소산이자 서구적 전통이라는 주장도 있다. 『현대시대의 유토피아와 반유토피아』(Utopia and Anti-Utopia in Modern Times)를 쓴 사회학자 크리샨 쿠마르Krishan Kumar 같은 이가 대표적이다. 물론 그렇지 않다. 우리는 저 유토피아의 목록을 보면서 손쉽게 도연명의 무릉도원이나 캉유웨이康有爲의 대동사회, 동학의 후천개벽 세상 등을 떠올릴 수 있다. 유토피아 사상 연구자인 정치학자 라이먼 타워 사전트Lyman Tower Sargent는 『유토피아니즘』(이지원 옮김, 교유서가 2018)에서 중국과 인도, 일본, 이슬람과 아프리카의 다양한 유토피아 문학과 사상의 전통을 개괄한다. 요컨대 유토피아 사상은 시의 고금과 양의 동서를 가리지 않고 인류의 상상력을 끊임없이 자극해왔다.

헤르츠카의 자유국 구상 같은 사례를 제외하면, 이 수많은 유토피아 구상들은 대개 자유주의, 개인주의 지향에 맞서는 공산주의, 공동체주의와 친화성이 높다. 유토피아는 300명에서 몇천명 수준의 소규모 지역공동체일 수도 있고, 국민국가 규모일 수도 있지만, 공동체성을 강조하는 데서는 차이가 없다. 왜 그럴까? 아마도——플라톤이나 도연명과 같은 고대의 사례를 제외하면——유토피아 사상의 대두가 대개 근대 자유주의가 낳은 끔찍한 불평등과 상호적대라는 폐해를 극복하려는 시도에서 비롯되었기 때문일 것이다. 유토피아의 세계가 대개 사유재산이 폐지되고 평등한 개인들이 협동하는 공산주의적 공동체로 그려지는 이유다.

유토피아 공동체의 과제: 강제 대 자발성

평등한 공동체로서 유토피아 구상이 설득력을 얻기 위해 해결해야 할 핵심 과제 중 하나는 인간의 질기디질긴 이기적 욕망과 그로 인한 갈등들을 어떻게 규제할 것인가, 라는 문제였다. 일군의 유토피아 저자들은 인간의 본성을 바꿈으로써 이 문제를 해결할 수 있다고 보았다. 인간의 본성을 무엇으로 바꿀 수 있을까? 강력한 법과 규율이다.

토머스 모어의 유토피아에서는 모두가 공동으로 식사를 해야하고, 거주구역을 벗어나 여행을 떠날 때는 여권을 발급받아야 한다. 한곳에서 하루 이상 머물 경우 자기 직종에 속하는 노동을 수행해야 한다. 여권 없이 도시 밖을 다니다가 잡히면 도망자로 처벌받고, 재범의 경우 노예가 되는 처벌을 받는다. 간통을 저질러도 노예가 되고, 다시는 결혼할 수 없다. 허드슨의 수정시대의 가정에서는 아버지가 법과 관습을 주재한다. 여행자가 방문한 집의 규칙을 위배하면 격리 처벌을 받게 된다. 벨러미가 상상한 서기 2000년의 미국 사회에서 사람들은 노동군이라는 군대에 징용되어 편재되고, 45세까지 의무노동을 수행해야 한다.

강력한 법과 규율에 의해 통제되는 유토피아라는 점에서 최고봉은 카베의 이카리아일 것이다. 카베에 따르면 이카리아 사람들은 아침에 반드시 일찍 일어나야 하는데, 아침 6시에 식당이나 공장에서 식사가 제공되기 때문이다. 먹거리는 과학위원회가 사전에 결정한 좋은 것을 정량으로만 먹는다. 또한 모두가 의복위원회가 결정한 제복을 입는다. 식사, 노동, 복장, 수면 그 어떤 것도 국가 규제를 벗어날 수 없다. 남자는 20세, 여자는 18세에 결혼하게 되어 있는데, 6개월의 구혼 기간 뒤에 혼인을 한다. 남자는 18세, 여성은 17세에 노동을 시작하고, 남성은 65세, 여성은 50세에 은퇴한다. 공공의회에 제안하는 권리를 제외하면 이카리아에는 어떤 신문도, 체계적인 비판 수단도 없다.

유토피아가 이런 곳이라면 살고 싶은 사람을 찾기는 어려울 것 같다. 물론 사전트의 지적처럼 이런 구상들은 어디까지나 당대라는 시대적 맥락 속에서 이해해야 한다. 예컨대 모어의『유토피아』는 오늘날의 관점에서 보면 권위주의적, 위계적, 가부장적이지만, 16세기 초 독자들의 관점에서는 지극히 정상적으로 보였다는 것이다. 일리 있는 지적이다. 하지만 역사적 맥락을 고려한다고 해도, 유토피아를 위해서는 본성을 억압해야 한다는 주장 자체는 여전히 의문을 품게 한다. 본성의 억압을 통해서만 이룰 수 있는 세상이라면 그건 오히려 디스토피아에 가까운 세상이 아닐까? 차라리 유토피아는 우리 본성에 부합하지 않는다고 결론 내리는 게 옳지 않을까?

유토피아를 꿈꾼 또다른 저자들은 다른 노선을 걸었다. 유토피아가 가능한 이유는 인간의 본성이 선한 덕분이거나, 적어도 본성 중의 선한 부분을 더욱 발양시킬 수 있기 때문이라는 입장이다. 그러므로 법의 강제는 유토피아의 본성에 반한다. 유토피아에서 인간들은 법이라는 외적 강제가 아니라, 관습이든 미덕이든 교육이든 자발성에 의지하는 것이 옳다.

푸리에는 이 점에서 중요한 인물이다. 그는 유토피아가 인간의 고유한 본성에 기초해야 한다고 생각했다. 그가 인간의 본성이 마냥 선하다고만 본 것은 아니다. 인간은 선과 악 사이의 다양한 충동과 정념으로 가득 찬 존재다. 그는 소책자『네가지 운동과 일반적 운명에 대한 이론』(『사랑이 넘치는 신세계 외』, 변기찬 옮김, 책세상 2007)에서 이렇게 말한다. "정념을 억누를 수는 없다. (…) (하지만—인용자) 새로운 질서가 모든 정념을 전혀 변화시켜서는 안 된다는 이야기는 아니다. (…) 우리는 정념의 본질을 변화시키지 않은 상태에서 정념의 단계는 변화시킬 수 있다." 좋은 공동체란 이런 모든 정념들을 부정하지 않고, 오히려 그 정념들의 움직임 속에서 활기를 얻는 공동체다. 다만 이 정념들이 반사회적 형태로 확산되는 것을 막는 데 주목한다.

푸리에가 제시한 유토피아 공동체, 즉 팔랑스테르는 최소 3평 방마일(약 7.76제곱킬로미터)의 토지를 소유한, 1,500~1,600명으로 구성된 자립한 공동체였다. 팔랑스테르의 주민에게는 사회연대를 저해하지 않는 한 공익만이 아니라 사익에 관심을 갖는 것이 허용된다. 예컨대 혼자서 식사를 해도 되고, 사유재산도 인정된다. 사람들은 협동체 안에서 갖는 주식 수에 따라 공유재산으로부터 배당도 받는다.

오언은 뉴 라나크와 뉴 하모니라는 모델을 통해서 유토피아 공동체 구상을 실제로 구현하려 했다는 점에서 획기를 그은 인물이다. 1,200명까지 수용할 수 있는 그의 '조화와 협동의 마을'에서 공동체의 조화와 협동을 위해 강조되는 것은 교육과 미덕이다. 3세 이상의 아이들은 학교에 출석해야 하고, 공동기숙사에서 함께 주거하면서 공동식사를 해야 한다. 좀더 성장한 어린이들은 하루 중 일정 시간을 작물 재배나 공장 노동 보조에 할애해야 한다. 성인들에게는 근면, 금주에 기반한 금욕생활과 가족애라는 미덕의 계발이 부과된다.

모리스는 조금 더 현실적이었던 것 같다. 그는 자신의 에코토피아에서 인간의 잔학성이나 정욕이 사라지지 않는다고 보았다. 아무리 훌륭한 사회에서도 그것은 불가능한 일이었다. 대신 이곳은 죄인을 스스로 뉘우치게 만드는데, 이는 법보다 관습이 더 강력한 힘을 지니기 때문이다.

법 없이도 사는 세상의 함정: 정치의 문제 설정

푸리에와 오언, 모리스 등의 유토피아 사유 속에서는 인간이 자기 본성에 반해 유토피아를 추구해야 한다는 역설이 없다. 특정한 제도적 배치가 주어진다면 인간은 공동생활 속에서의 교육과 관습, 미덕의 함양 등을 통해 선한 본성을 고무할 수 있을 것이고, 공동체는 조화와 협동을 달성할 수 있을 것이다.

조화와 협동을 원리로 삼는 평등한 유토피아 공동체들 속에서 불화와 적대에 기반한 '정치'는 원리적으로 소거된다. 참으로 아름다운 세상이다. 모리스의 에코토피아에 대해 멈퍼드는 이렇게 묘사한다. "정치라고 부르는 복잡한 게임도 사라졌다. 왜냐하면

이 공동체가 관심을 갖는 유일한 것은 쟁기로 새로운 밭을 개간하는 것이 좋을까, 강에 다리를 놓는 것이 좋을까, 마을회관을 짓는 것이 좋을까 하는 것이기 때문이다. 그리고 이러한 문제라면 순전히 가공의 의견 대립으로부터 당파를 만들지 않고 지역사회가 스스로 충분히 결정할 수 있다."

오언 역시 유토피아 계획에서 정치를 추방했다. 그는 1840년의 한 모임에서 이렇게 말했다. "사회주의자들의 계획은 국가의 실정법을 완벽하게 준수하면서 실행되어야 할 것이다. (…) 관용이라는 원칙을 인정하는 그 어떤 형태의 정부 아래서도 모든 인간을 위해 영원한 번영이나 행복이 점차 보장될 수 있다는 확신을 지니고 있기 때문에, 사회주의자들은 정치적 변화를 위한 선동에 참여해서는 안 될 것이다." 오언은 현실의 국가조차 중립적이고 탈정치적인 것으로 간주했다. 하물며 조화와 협동이 꽃피는 자신의 유토피아가 정치적인 갈등을 내포할 리는 없었다.

엥겔스가 푸리에와 오언 같은 이들을 경멸의 맥락에서 유토피아 사회주의자로 지칭했던 데는 이런 이유가 있었다. 사회주의는 적대적인 계급투쟁, 격렬한 정치투쟁을 통해서만 획득되는 것이었다. 하지만 그 엥겔스조차 정치가 소멸한 참된 유토피아에 대한 꿈을 버리지는 않았다. 사회혁명 이후 계급 및 계급투쟁이 점차 소멸함에 따라 '정치적 국가'는 소멸할 운명이었다. 소논문 「권위에 관하여」에서 엥겔스는 이렇게 말한다. 사회혁명이 진전됨에 따라서 국가가 지닌 이전의 "공적 기능들은 그 정치적 성격을 잃어버리고 (국가는) 사회의 진정한 이해관계를 수호하는 단순한 행정 기능들로 전환될 것이다."

여기서 엥겔스의 비전은 모리스의 비전과 행복하게 만난다. 정치가 제거되고 단지 행정만 남은 공동체, 근본적인 분열과 갈등이 사라지고, 단지 기술적인 우선순위 조정이라는 행정 과제만 남은 공동체, 이것이 유토피아 공동체의 궁극적 비전이다. 그리고 이 유토피아의 비전을 권력이 실제로 구현하려고 하자 끔찍한 디스토피아가 펼쳐진다.

1938년, 연이은 숙청을 통해 권력 기반을 공고히 다진 스탈린 치하의 소련은 사회주의 헌법 발포와 함께 소련이 '전인민의 국가'가 되었다고 선언했다. 이제 소련에서 이행기의 계급투쟁은 완전히 끝났고, 따라서 소련은 프롤레타리아의 계급독재국가에서 '전인민의 국가'로 전환했다는 것이다. 계급투쟁이 끝났다는 말은 이 국가에 원리적으로 모순과 적대가 더이상 존재하지 않는다는 말과 다름없다. 이제부터 이 국가가 수행하는 모든 활동은 모순과 갈등의 반영이자 그 일환인 정치가 아니라, 전인민의 조화로운 이익에 봉사하는 행정인 셈이다. 국가 속의 모순과 불화의 자리가 부정되자 정치의 자리 또한 사라졌다. 이제 국가와 당에 대해 제기되는 모든 이의는 행정적·기술적 이의로 정의되어야 한다. 만약 그 이상으로 진지하다면 그 이의는 이 모순 없는 국가 내부로부터가 아니라 외부로부터 오는 모략과 이간질, 즉 제국주의의 스파이 활동으로 규정될 것이다.

'좋은 곳'에 관한 포기할 수 없는 꿈

유토피아를 꿈꾼 수많은 사상의 근저에는 공학적 설계주의가 존재한다. 공동체 공간의 배치와 주택의 구조에서부터, 공동체 구성원들이 수행해야 할 각각의 기능적 역할과 교환의 원리, 법과 규율의 조항과 성격에 이르기까지 가능한 한 완벽한 청사진을 그리려 한다. 스펜소니아를 구상한 스펜스의 말처럼 완벽한 청사진에 대한 솔직한 열망을 잘 드러낸 것도 없을 것이다. "자유와 관용을 사랑하는 사람의 발에 꼭 맞는 깨끗하고 튼튼하며 신기 쉬운 새 신발을 만들어야 한다. 그러면 신발을 어떻게 수리할 것인지 고민할 것이 없고, 사람들을 끝없이 부추기는 짓도 없어지고, 삶의 조잡하고 더러운 길을 발을 적시지 않고도 쉽게 걸어갈 수 있다."

유감스럽게도 그렇게 꼭 맞는 새 신발을 만들 수는 없을 것이다. 신발은 끝없이 수선해야 할 것이고, 삶의 조잡하고 더러운 길에 우리 발을 계속 적시게 될 것이다. 유토피아 공동체에 대한 인간의 꿈은 대부분 '결국' 실패로 돌아갔다. 동시에 '여전히' 계속되고 있다. 평가를 배제한 현재까지의 상황이다. 다만 여기서 하나의 통찰이랄 것을 제시해본다면, 정치의 소멸을 지향하는 공동체에 대한 꿈은 결코 현실적이지 않다는 것이다. 그것은 유토피아 공동체 또한 어떤 근본적인 자체의 모순을 안고 갈 수밖에 없음을 함축한다. 이는 푸리에와 모리스가 이미 통찰했듯이 통제될 수 없는 인간의 근본적인 정념의 문제일 수도 있고, 진화생물학의 현대적 발전 성과가 알려주듯 인간의 본성 중 상당 부분이 공동체의 경계 바깥에 대해 적대적일 수밖에 없던 수렵채집시대에 아직 머물고 있기 때문일 수도 있다. 둘 다일 수도 있다. 사실은 더 많은 이유들이 있다고 해야 합리적이리라. 어느 쪽이든 손쉽게 극복할 길이 없는 난제인 것은 마찬가지다.

그럼에도 불구하고 우리가 유토피아 공동체에 대한 꿈을 버릴 수 없다면, 그것은 멈퍼드의 말처럼 유토피아가 그 어원상 아무데도 없는 곳일 뿐 아니라, 좋은 곳eu+topos이기도 하기 때문일 것이다. 정념과 적대감만큼이나 좋은 삶에 대한 우리의 꿈 또한 폐기될 수 없기는 매한가지다. 우리는 현재의 삶과 유토피아의 삶을 대조하여 지금 우리의 삶이 어떻게 잘못되었는지 조명하고, 상황을 개선하려면 어떤 조치가 필요한지 생각한다. 이런 점에서 유토피아주의는 사회적 꿈꾸기라는 사전트의 말에 주목하고 싶다. 유토피아를 향한 걸음은 실패한 것이 아니다. 그 시간만큼 성공한 것이다. 수선하면서 걸어갈 수밖에 없다.

유토피아, 실패를 넘어서: 좋은 꿈을 꾸는 좋은 방법

좋은 곳, 좋은 삶에 대한 우리의 꿈이 폐기될 수 없다는 것, 사회적 꿈꾸기가 지속되어야 한다는 것은 지극히 옳은 말이지만 또 그만큼 당위론적 명제이기도 하다. 그 꿈이 실재와 어떻게 관계를 맺고, 어떤 역할을 해야 할지 따져보는 것이 현실의 과제다. 당위론적 명제가 현실의 과제를 대신할 수는 없다. 특히 유토피아 기획의 최종완결판으로 보였던 현실 사회주의의 몰락 이후, 유토피아에 대한 우리의 태도가 이전과 같을 수는 없다. 냉소를 극복하기 위해서는 좋은 꿈을 꾸는 좋은 방법을 고민해야 한다.

우선 유토피아 사유의 설계주의적 사고방식에 대한 보수주의자들의 경고에 귀를 기울일 필요가 있다. 보수주의자들이 유토피아를 '파괴적 환상'으로 간주하는 데는 나름의 이유가 있다. 앞 장에서 보수주의의 태두 에드먼드 버크의 사상에 대해 살펴보았지만, 이들의 사유에서 제도란 누적된 문제들을 수정하면서 천천히 진화하는 것이다. 이 진화를 추동하는 것은 의식적인 설계나 합리적인 계산이 아니라 거듭되는 시행착오다. 설계와 계산으로는 수많은 변수들로 가득 차 있는 이 자연발생적 과정이 초래하는 의도하지 않은 결과들을 예측할 수 없다. 현실 사회주의의 실패는 프리드리히 하이에크가 경고하듯 유토피아 사유의 '치명적 자만'을 보여주는 사례다.

이런 경고를 어떻게 소화해야 할까? 미국의 비판적 사회학자 에릭 올린 라이트Erik Olin Wright는 '리얼 유토피아'라는 개념을 통해 사회적 꿈꾸기와 현실적 실천 사이의 긴장을 통합하려고 시도한다. 리얼 유토피아는 유토피아 이상 위에 기반하되, 목적지로 가는 중간역 같은 역할을 수행한다. 리얼한, 현실의 유토피아는 현실 진단과 비판, 실천적이고 대안적인 제도 설계, 그리고 변혁 전략의 정식화라는 과정들을 통해 도출된다. 이 유토피아를 위한 '해방적 사회과학'을 구축하는 것이 비판적 연구자의 임무가 된다. 브라질 포르투 알레그레의 참여예산 제도, 반자본주의적 지식 생산 방식으로서 위키피디아, 노동자 소유의 대규모 기업으로서 몬드라곤 협동조합, 무조건적 기본소득 등이 '이미 도래한 리얼 유토피아'의 사례로서 검토된다.

현실 사회주의 체제와 불화하면서 맑스주의의 유토피아적 성격을 탐구한 철학자 에른스트 블로흐Ernst Bloch는 『희망의 원리』(박설호 옮김, 열린책들 2004)에서 맑스의 사상이 '근거리의 목표'를 명확히 제시하면서도 '원거리의 목표'인 유토피아적 이상에 대해 늘 개방적이었다고 강조한다. 세계의 과정은 언제나 열려 있으며, 궁극적인 것은 없다. 유토피아가 디스토피아가 될 수도 있고, 희망이 실망이 될 수도 있다. 그럼에도 '희망이라는 원리'가 중요하다. 왜냐하면 오직 희망만이 실망할 수 있기 때문이다. 라이트가 말하는 유토피아도 마찬가지다. "뜻이 있는 곳에 길이 있다"고 말한다면 순진한 낙관주의라고 비난받기 십상인 시대다. 하지만 "뜻이 없으면 많은 길이 불가능해진다." 정치를 통해 우리의 삶을 개선하고, 세상을 더 좋은 곳으로 바꿀 수 있다는 희망이 조롱받는 세상이다. 냉소로는 세계의 고통을 없애지도, 줄이지도 못한다. 다시 유토피아를 꿈꾸는 이유다.

행복경제학, 그리고 그 너머

행복은 소득순이 아니다: 이스털린의 역설

"예순살이 되어 스무살 시절보다 열배 부자가 된 사람을 찾기는 어렵지 않다. 하지만 그런 사람들 누구라도 열배 더 행복해졌다고 말하지는 않는다." 영국 작가 조지 버나드 쇼George Bernard Shaw의 말이다. 그리고 우리는 안다. 심지어 부자기 된 예순살의 내가 빈 주머니 신세이던 스무살 시절의 나를 부러워하는 게 보통의 사람 마음이라는 걸. 돈 많은 게 행복하고는 아무 상관이 없다는 건 아니다. 행복이란 게 그리 간단하지 않다는 말이다.

일반적으로 경제학자들은 행복을 소득의 함수로 이해한다. 한 개인이나 국가의 소비 능력이 향상되면 그 개인이나 국가공동체의 삶의 만족도, 효용, 안녕, 즉 행복이 전반적으로 증가한다고 가정한다. 소득이 증가하면 수요를 충족시킬 수 있는 능력이 향상되고, 개인이나 가계, 그리고 이들로 구성된 국가의 행복도 증가한다는 논리다. 직관적이고 명쾌하다. 그런데 뭔가 이상하다. 쇼의 통찰이 암시하는 것처럼.

행복경제학이라는 주제 아래 물질적 안녕과 행복 사이의 관계가 단선적이지 않고 복잡하다는 문제의식이 대두한 지 꽤 되었다. 행복경제학의 창시자로 꼽히는 미국의 경제학자 리처드 이스털린Richard Easterlin은 30개국의 국민을 대상으로 주관적 행복을 물은 조사자료(1946~70년)를 분석한 후 몇가지 의미심장한 결론을 얻었다. 첫째, 한 국가의 국민들을 대상으로 할 경우 소득과 행복은 정(+)의 상관관계를 보인다. 즉 평균적으로 고소득자가 저소득자보다 더 행복하다. 둘째, 국가 간 비교를 하면 소득과 행복의 상관성이 훨씬 떨어진다. 즉 소득 수준이 높은 국가의 국민이 소득 수준이 낮은 국가의 국민보다 평균적으로 더 행복하게 살고 있다고 단정할 수 없다. 셋째, 한 국가의 국민들을 시간적으로 분석할 경우, 소득이 일정한 수준에 오르게 되면 소득이 증가한다고 해서 이에 상응하는 수준으로 행복이 증가하지는 않는다. 소득이 낮을 때는 소득 성장과 행복도 증가가 대체로 비례하지만 소득이 일정 수준, 대개 연소득 1만 달러에서 1만 5,000달러 정도를 넘어서면 이 비례관계가 더이상 성립하지 않는다. 이른바

'이스털린의 역설'이다.

소득이 늘고 경제가 성장한다고 해서 삶이 꼭 행복해지는 게 아니라면 굳이 아등바등 살 필요가 있을까? 행복해지지도 않는데 열심히 사는 삶이란 도대체 무슨 의미가 있을까? 이런 자연스러운 의문을 이끌어내면서 행복경제학은 경제성장지상주의를 비판하는 대안적 담론의 한 축을 담당하게 되었다. 이제 그 속으로 조금 더 들어가보자.

왜 이러는 걸까?: 적응과 상대소득

이런 역설적 현상이 일어나는 원인은 무엇일까? 중요한 것만 싶어보자. 첫째, 주로 심리학자들이 주목하는 원인으로 '쾌락 적응'의 문제가 있다. '쾌락의 쳇바퀴'라고도 부른다. 인간이 가진 매우 뛰어난 능력인 적응력은 진화의 소산이며, 우리를 생존하게 만드는 능력이다. 북극곰을 열대의 사바나에 풀어놓으면 살기 어렵겠지만, 세렝게티로 이사 간 북극곰의 이웃 이누이트족은 그럭저럭 살림을 꾸려나갈 것이다. 나중에는 세렝게티가 제2의 고향으로 불릴 수도 있다. 호모 사피엔스가—순전히 인간의 관점이기는 하지만—지구를 제패한 힘이다. 지구 제패까지 갈 것도 없다. 인간의 이 위대한 적응력은 소소한 일상 속에서도 내 의지와 상관없이 늘 발휘된다. 조용한 도서관에서는 옆자리 책장 넘어

가는 소리조차 거슬리지만, 시끌벅적한 카페에서 시험공부를 할 수도, 보고서를 쓸 수도 있는 게 사람이다. 인간의 뇌신경은 강한 자극에 반응하기보다는 자극의 변화에 더 민감하게 반응하게 되어 있다고 한다. 일정한 강도의 자극이 지속되면 인간은 거기에 적응해버린다.

이 적응력이 소득의 증가라는 자극에 대해서도 마찬가지로 발휘된다. 소득이 증가하면 쾌락도 증가하지만, 곧 그 상태에 적응하게 되면서 쾌락이 감소한다. 2004년에 발표된 독일인 7,800여 명에 대한 16년간의 추적조사 결과에 따르면 소득 증가가 주는 행복감은 1년 차에는 뚜렷하지만 3년 차가 되면 미미해지고, 4년 차가 되면 완전히 사라졌다. 정상에 올랐다고 생각했는데, 오르고 보면 거기서 다시 시작해야 한다. 경제적 행복을 향한 인간의 도정은 시시포스의 노동을 닮았다.

또다른 원인으로 꼽히는 것은 부의 상대성이다. 상대소득 가설이라고 부른다. 주로 제도경제학과 사회학에서 주목하는 원인이다. 인간이 느끼는 행복의 정도는 절대적인 소득 수준뿐 아니라 다른 사람과 비교한 나의 상대적 소득 수준에 의해서도 영향을 받는다. 부의 절대적 수준이 아니라 타인과의 비교가 우리를 시시포스의 부조리한 세계로 이끈다. 제도경제학의 창시자이자 사회학자인 소스타인 베블런Thorstein Veblen이 『유한계급론』(*Theory of the leisure class*)에서 '과시소비론'을 제시하면서 주목한 바대로, 우리의 소비는 단지 특정 효용을 충족하려는 개인적 행위일 뿐 아니라, 타인에게 자신의 지위를 드러내려는 사회적 행위이기도 하다. 무리해서라도 강남에 살려 하고, 이왕이면 큰 차, 독일차를 타야 하고, 해외여행 다닌 걸 소셜미디어에 올려야 한다. 그러다 보면 늘어난 소득은 이런 '지위재'의 구입에 소모되고 있다. 게다가 내 위에는 늘 나보다 더 높은 곳의 존재들이 있는 법이어서 이 비교의 행렬은 끝이 나지 않는다. 만족이란 없다. 선호란 개인적인 것이고 미리 주어져 있는 것이어서 상호비교를 통해 변화하는 것이 아니라는 주류경제학의 좁은 가정은 부정된다.

1930년 대공황이 막 시작되던 무렵 경제학자 존 메이너드 케인스 John Maynard Keynes는 「우리 후손을 위한 경제적 가능성」 (Economic Possibilities for Our Grandchildren)이라는 제목의 짧은 에세이를 출간했다. 그는 역사적인 자본축적률과 기술 진보 정도를 기초로 100년 뒤 선진국에서의 생활표준은 당시보다 네배에서 여덟배 정도로 높아져 있을 것이라고 예견했다. 그의 계산대로라면 2030년을 20년쯤 앞둔 2010년대의 선진국 사람들은 하루 3시간 정도 일하면서 필요한 재화는 거의 모두 충족할 수 있는 상태가 되어야 했다. 요컨대 "100년 이내에 경제적인 문제들은 해결되어 있거나, 적어도 해결을 목전에 두고 있을 것"이라는 게 케인스의 예측이었다.

기술적 측면에서만 보면 케인스의 예언은 충분히 실현되었다. OECD 국가들의 성장률은 케인스의 예측을 뛰어넘었다. 1인당 실질소득은 이미 2000년 무렵에 1930년대보다 네배 이상 증가했다. 그렇지만 이들 선진국 중에서 "이제 경제적 문제는 해결되었다"라고 선언할 수 있는 나라가 과연 있을까? 케인스는 대중의 비합리성에 맞서 싸우기보다는 대중과 함께 오류에 빠지는 게 낫다고 본 현실적 인물이었다. 그런 그조차도 인간 욕망의 비합리성에 대해 온전히 평가하지는 못했다. 사람은 복잡하고 모순적인 존재다.

행복으로 가는 길: 관계재

그렇다면 이제 질문을 바꿔보자. 성장이나 소득 증가가 아니라면 우리는 어떻게 행복해질 수 있을까? 사람들은 로또 당첨의 기쁨조차 조만간 시들하게 만드는 적응의 메커니즘이 작동하지 않는 용한 영역을 발견했다. 누가 더 잘살고 못사는지 과시하려는 경쟁심이 부끄러워지는 영역, 바로 '사회적 인정'의 영역이다. 가족과의 사랑, 친구들과의 우정, 이웃과의 교류 같은 것들 말이다. 사랑과 우정, 친교라는 재화는 써도 써도 마르기는커녕 오히려 행복감이 증가한다. 친구는 자주 만날수록 우정이 더 깊어지고, 이웃은 함께할수록 이야깃거리가 더 풍성해진다. 한계효용 체감의 법칙을 비웃는 한계행복감체증의 법칙이라 할 만하다.

이탈리아의 경제학자 루이지노 브루니Luigino Bruni와 스테파노 자마니Stefano Zamagni는 시민경제론이라는 새로운 패러다임을 주창한다. 이들에 따르면 가족, 친구, 이웃, 동료와의 사랑, 우정, 친교와 같은 상호교류 활동은 마치 경제재와 같은 성격을 갖는다. 무슨 까닭일까? 당연한 말이지만 이런 친교 활동을 생산하고 소비하는 데도 그만큼의 시간이 필요하다. 그 시간만큼 생산과 소비, 개인소득을 포기해야 한다. 즉 기회비용을 발생시킨다. 이렇게 상호교류 활동 또한 희소한 경제재의 속성을 갖는다는 점에서 '관계재'로 정의할 수 있다는 것이 이들의 주장이다.

우리 인간은 본질적으로 관계적 존재다. 관계적 존재로서 인간에게 행복이란 타자와의 관계, 즉 '관계재'에 의존한다. 요컨대 행복해지려면 관계 속에서 행복을 찾을 수 있는 경제체제를 구상해야 한다는 말이다. 관계재와 통상적인 시장의 상품재는 서로 대체재 관계에 놓여 있다. 양립하기 어렵다는 뜻이다. 노동시장에서 일하는 시간이 길어지고 소득이 늘어나면, 관계재를 생산하고 소비할 시간이 줄어든다. 소득이 늘어나도 행복이 증가하지 않는 이유다.

브루니와 자미니가 제시하는 삼각구도의 경제는 서로 다른 목표와 원리에 기반한 세 영역의 경제활동이 꼭짓점을 이루는 삼각형의 세계다. 효율성을 추구하는 등가교환의 세계로서 시장, 정의와 공평성을 추구하는 재분배의 세계로서 복지, 관계성과 협력을 추구하는 사회적 경제라는 세가지 영역이 바로 그것들이다. 세 영역 사이의 관계를 설정하기가 쉽지는 않겠지만, 추구할 만한 가치가 있어 보이는 그림이다.

행복경제학은 나름의 반향을 얻고 있다. 프랑스 정부는 사르코지 전 대통령 시절 GDP 성장 중심주의를 극복하고, 성장과 행복의 비례관계 회복을 연구하기 위한 특별위원회를 구성했고, 대안적인 지표들을 고안했다. 영국의 보수당은 2010년 '국내총행복'이라는 새로운 웰빙지수 GDH^{Gross Domestic Happiness}를 내놓았다. OECD는 해마다 회원국 국민들의 행복지수를 발표하며, 유엔의 '지속가능 발전 해법 네트워크'^{SDSN}도 세계행복보고서를 제출하고 있다.

행복경제학의 문제들

성장지상주의의 절대적 정당성에 파문을 일으킨 행복경제학의 역할은 물론 긍정적이다. 그럼에도 불구하고 행복경제학을 통해서 우리가 정말 행복의 나라로 갈 수 있을지는 좀더 따져볼 필요가 있다. 우선 방법론부터 생각해보자. 행복경제학은 우리의 경제생활, 체제의 건강함을 가늠하기 위해 행복이라는 잣대를 들이댄다. 여기서 행복한 정도를 측정해야 한다는 과제가 제기된다. 측정의 전제는 일관된 정의지만 행복의 정의는 나라마다, 심지어 사람마다 다를 수 있다. 따라서 행복경제학은 행복이 무엇이라고 정의하는 난제를 피하고, "당신은 얼마나 행복한가?"라고 묻는 방법을 택한다. 여기서 행복은 개인의 '주관적인 느낌'에 속한다. 전형적인 행복경제학은 가장 불행한 느낌에 1점을, 더할 나위 없이 행복한 상태에 10점을 표기하도록 하는 자기기입식 설문조사를 바탕으로 구축된다. 이 점수의 평균을 통해 나라별로 행복도가 서열화되고, 장기간에 걸친 행복도 변화가 관찰된다. 이제 어떤 문제가 생기는 걸까?

우선 언어상의 차이 문제부터 살펴보자. 영어권에서 'I'm happy'라는 문장의 무게는 매우 가볍다. happen, happening 같은 단어들과 어원 'hap'^{우연}을 공유하는 happy라는 단어는 이 문화권에서 그다지 심사숙고를 요구하지 않는다. 'I'm happy'는 습관적인 문장에 가깝다. 반면 동아시아의 한자문화권에서 행복이라는 단어는 상대적으로 무겁다. 마치 고대 그리스어의 행복, 즉 에우다이모니아^{eudaimonia}가 그런 것처럼 이 단어는 그저 행복한 것 같다는 '느낌적인 느낌' 이상의 어떤 바람직한 상태와 관련된다. 그래서 '당신 행복하냐'고 묻기도 쉽지 않고 '나는 행복하다'고 말하기도 쉽지 않다. 내가 단지 괜찮게 사는 게 아니라, 바람직하게 살고 있다고 말할 수 있을까? 이 지역의 행복도가 대체로 낮게 나타나는 데는 이런 이유가 있을 수 있다. 번역 과정은 행복에 대한 문화 간의 이해와 태도 차이를 소멸시키고, 유효한 비교를 난감하게 만든다.

행복의 질적 차이와 관련되는 문제도 있다. 행복의 종류는 매우 다양할 수 있다. 누군가는 자녀를 위해 희생할 때 가장 행복하지만, 누군가는 컴퓨터 게임을 할 때가 제일 행복할 수 있다. 누군가는 타자에 대한 봉사에서 행복을 찾지만, 다른 이는 타자에 대한 승리에서 행복을 찾을 수도 있다. 심지어 양자는 공존할 수도 있다. 기부 배틀에서 승리를 추구하는 부자라면 말이다. 중요한 건 서로 다른 행복들 사이에서 가치 평가를 할 수 없다는 사실이다.

이 문제는 삶의 목표를 행복으로 내세우는 쾌락주의의 역사에서 오래된 논란거리다. 행복이 주관적 느낌으로 정의되고, 그 극대화로서 행복이 삶의 목표가 되는 순간, 어려운 아이러니들이 닥쳐온다. 이 세계에 어떤 행복들이 옳고 그른지 가려줄 심판관은 없다. 콜로세움에서 사자 밥이 되어가는 그리스도교인들을 보며 행복해하는 로마 시민들의 느낌을 행복이 아니라고 선언할 수 있는 객관적인 잣대는 없다. 스카이넷이 지배하는 「매트릭스」

의 세계에서 인류를 배신한 대가로 매트릭스로 돌아가게 되는 사이퍼가 제공받는 신경계의 쾌락을 진정한 행복이 아니라고 판별할 객관적 척도도 없다. 마약에 취한 중독자든, 파시즘의 영광에 도취된 나치당원이든 그들이 행복하다고 주장한다면 행복한 것이다. 행복의 최종 심판관은 행복하다고 말하는 당사자일 뿐이다.

물론 행복경제학자들은 이런 난점들에 답변을 제시하고 있다. 행복이 개인 소비재가 아니라 관계재의 성격을 지니고 있다면, 타인의 고통에서 느끼는 쾌락을 행복으로 정의할 수는 없다고 말이다. 마땅한 말이다. 하지만 타자와의 관계성, 협력이란 말도 곱씹어볼 필요가 있다. 따지고 보면 무수한 악과 부정의가 훌륭한 관계성 아래서, 긴밀한 협력을 통해서 이뤄진다. 정부든 기업이든 어떤 조직이든 부정은 대개 조직적 협력의 산물이다. 나쁜 짓도 손발이 맞아야 하는 법이다. 내부고발자들이 조직에서 받는 비난은 대개 자기만 아는 이기주의자라는 것이다. 전쟁이야말로 최고도 협력의 산물이다. 잘 협력한 몇 나라의 국민들이 인류 역사상 최대, 최악의 증오범죄를 저질렀던 게 그다지 멀지 않은 과거다. 협력과 관계성이 무조건 좋은 속성은 아니다.

행복을 넘어선 바람직한 상태에 대한 질문

주관적 상태로서의 행복을 지향하는 것과 바람직한 상태, 즉 사회적 차원에서의 행복을 지향하는 것 사이에는 분명히 차이가 있다. 전자라면 우리는 스스로 행복하다고 믿는 사회에서 극복해야 할 문제를 찾기 어렵다. 중남미 여러 나라들은 이런 행복도 조사에서 곧잘 높은 점수를 기록하곤 한다. 이 문화권은 낙천성으로 유명하지만, 그것은 불행을 드러내는 걸 꺼리는 문화적 압력의 존재를 시사할 수도 있다. 이 나라들 중 상당수는 극심한 경제적 양극화와 정치적 불안에 시달리고 있다. 행복하다는 대답이 높다고 해서 행복한 사회라고 말할 수 있을까?

소득 불평등에 대한 유럽인과 미국인의 인식 차이에도 비슷한 문제가 있다. 여러 조사들에 따르면 유럽인들은 소득분배의 불평등을 매우 싫어하는 반면, 미국인들에게는 소득 불평등과 행복 사이에 별다른 상관관계가 없다. 유럽에서는 소득 불평등으로 가난한 사람들의 행복 수준이 손상되고 있다. 반면 미국에서는 부자는 물론 가난한 이들조차 소득 불평등으로 행복 수준이 손상받지 않는다. 자기 사회가 상향 이동의 기회가 많다고 믿기 때문이다. 유럽인 다수는 가난이 불운의 결과라고 믿지만, 미국인 다수는 가난이 개인이 노력하지 않은 결과라고 믿는다. 행복경제학의 중요 논자인 브루노 프라이Bruno Frey가 『행복, 경제학의 혁명』(유정식·홍훈·박종현 옮김, 부키 2015)에서 인용하는 사실들이다. 사실을 따지자면 오늘날 미국은 절대적인 불평등의 정도만이 아니라 상향 이동의 기회라는 측면에서조차 북서유럽에 비해 닫힌 사회다. 미국인들의 '주관적인 믿음' 속에서는 그렇지 않다. 불평등으로 불행감을 느끼지 않는다는 곳에서 행복경제학은 어떻게 불평등에 대해 문제제기할 수 있을까?

행복경제학을 향한 가장 본질적인 의문은 과연 행복이 우리 삶의 궁극 목적인가 하는 것이다. 누구나 행복해지길 바라는 건 사실이다. 나 역시 그렇다. 그렇다고 해서 삶의 목적이 행복이라고 결론 내리기는 쉽지 않다. 이왕이면 날씨가 좋길 바라지만, 좋은 날씨가 우리 삶의 목적일 수는 없는 것처럼 말이다. 우리 삶에는 여러 종류의 날씨가 있고, 때로는 비와 천둥이, 때로는 태풍이 필요하다. 삶은 복잡한 것이다. 어떤 사람들은 행복한 삶보다는 바람직한 삶이나 올바른 삶을 추구하고, 또 어떤 사람들은 좋은 삶을 추구한다. 각각은 겹치면서도 다르고, 때로는 상충할 수도 있다. 바람직한 삶을 위해서 행복을 희생해야 하는 상황이 올 수도 있다. 불편함을 무릅쓰는 내부고발자가 나올 수 있는 이유다. 개인적 행복을 희생하면서 공적 목표에 헌신하는 이들이 있는 까닭이다. 주류의 견해에 반대하고 상식을 불편하게 하는 소크라테스형 비판가들이 나오는 사정이다. 사람들이 단지 행복한 삶만을 추구하는 건 아니다.

사실은 행복이든 무엇이든 삶에 목적이 있다는 사고방식 자체가 의문스럽다. 우리는 목적을 위해 태어나지 않았다. 실존은 본질에 선행하고, 삶은 이유 없는 출발일 뿐이다. 삶을 행복을 위한 '과업'으로 설정하는 것은 근대 자유주의의 특징 중 하나다. 국가나 공동체가 개인의 삶에 모델을 제시하고 강요하던 시대에 비해 이것이 진보임은 맞다. 문제는, 행복을 성취해야 할 개인적 삶의 과업으로 제시하고, 사회적으로 바람직한 상태와의 관련성에 무관심해지는 것이다. 지금의 행복경제학이 자유주의의 프레임에 갇혀 있다고 비판하려는 것은 아니다. '관계적 선'이라는 문제의식 속에서 행복경제학은 '바람직한 상태'를 향한 지향과 만나려한다. 거기서 좀더 나아갈 수 있기를 바란다. 행복해지고 싶은 사람들이 호혜적으로 협력하는 세상에 대한 지향과, 시장이 초래하는 불평등에 대한 비판이 결합될 수 있기를 바란다. 둘은 둘이아니다. 같이 가야 한다.

사회적인 것의 복원, 그 너머

"사회 따위는 없다"는 선언

1987년 9월 23일 수요일 오후 4시, 영국의 저널리스트 더글러스 키Douglas Keay는 여성지 『우먼스 오운』(Woman's Own)을 위해 세계에서 가장 호불호가 분명한 인물 중 한명과 인터뷰를 시작하고 있었다. 물론 그 시점에는 더글러스 키 본인도 이 인터뷰가 그토록 유명해질 줄 몰랐을 것이다. 비서실로 미리 보낸 질문지에 그는 다섯가지 인터뷰 문항을 제시해두었다. 세번째 임기를 시작하는 느낌, 교육에 대한 생각, 도덕적 쇠퇴에 대한 의견, 고용 상황에 대한 전망, 개인적인 미래 구상 등. 특히 자신의 인터뷰 스타일을 소개하면서 주제에 대해 광범위하게 의견을 표현하게끔 해준다고 강조했다. 마음껏 말해보라는 취지였을 것이다. 인터뷰는 그 유명 인사의 사무실이 있는 곳, 바로 런던의 다우닝가 10번지 건물의 서재에서 진행됐다. 세번째 임기의 시작을 축하하면서 시작된 인터뷰는 끝날 줄을 몰랐다. 거침없는 답변이 끝없이 이어져서 아카이빙을 하자 무려 21면에 달했다. 인터뷰는 3면 분량으로 축약된 다음, 9월 30일에 "에이즈, 교육, 그리고 2000년!"이라는 제목으로 게재됐다. 그리고 '새 시대의 선언'이 됐다. 자본의 반격을 이끈 영웅이자 노동을 파괴한 악당, 마거릿 대처 전 영국 총리의 이야기다. 이제 문제의 인터뷰를 축약되지 않은 원문 그대로 잠시 살펴보자.

제 생각에 우리가 겪어온 시대는 너무 많은 아이들과 사람들이 이렇게 이해받게 된 시대입니다. "저는 문제가 있어요. 그걸 처리하는 건 정부의 일이죠!" "저는 문제가 있어요. 그 문제에 대처하려고 보조금을 받을 거예요!" "저는 노숙자예요. 정부가 나에게 집을 줘야죠!" 그들은 자기 문제를 사회에 떠넘기고 있습니다. 그런데 사회는 누구죠? 그런 건 없습니다! 개인인 남자들과 여자들이 있고, 가족들이 있어요. 사람들이 자기 스스로를 먼저 돌보지 않는다면 정부는 아무것도 할 수 없습니다. 우리 자신을 돌보는 게 우리의 의무고, 그다음에 이웃을 돌보는 것도 우리의 의무지요. 삶은 호혜적인 과업인데, 사람들은 의무 없이 너무 많은 권리를 염두에 두고 있습니다. (…) 사회 따위는 없습니다There is no such thing as society. 남자, 여자, 그리고 사람들로 이루어진 살아 있는 태피스트리가 있는데요, 그 태피스트리의 아름다움과 삶의 질은 우리 각각이 얼마나 우리 자신을 책임질 준비가 되어 있는지, 그리고 각자 자신의 노력으로 불행한 사람들을 도울 준비가 되어 있는지에 달려 있는 겁니다.

그날 이후 "사회 따위는 없다"는 말은 대처가 열어젖힌 세상을 상징하는 슬로건이 되었다. 1979년 영국 총리가 된 그녀는 이듬해에 미국 대통령이 된 로널드 레이건과 함께 대서양을 사이에 두고 협력하면서 이후에 신자유주의라고 불리게 될 '혁명'을 진두지휘했다. 노조의 파업을 진압하고, 영국 복지국가의 근간을 파괴했다. 공공의 인프라를 민간자본에게 넘긴 민영화, 국경을 넘어 노동과 자본이 자유롭게 오가게 만든 세계화, 화폐 축적의 논리가 세상을 지배하게 만든 금융화 같은 굵직한 변화를 이끌었다. 두 나라에서 시작된 변화가 세계를 바꿨다. 1990년대 후반이 되자 멀리 지구 반대편 여기 한국사회까지 영향을 받아 우리 삶이 충격을 받고 크게 변했다. 보수파들이 영웅으로 삼기에 충분한 '역사적' 업적이다. 2013년 그녀가 죽었을 때 "마녀가 죽었다"

며 반대파들이 춤을 췄다. 그럴 만한 삶이었다. 너무 많은 개인과 가족들의 삶이 그녀의 슬로건 아래서 파괴되었다.

사회 따위란 없으니 각자도생해야 한다는 신념이 수십년간 세상을 지배해왔다. 삶은 개인의 과업이 됐고, 세계는 만인의 만인에 대한 싸움터가 됐다. 이웃과 공동체의 호의나 복지에 의해 제공되던 많은 것들이 시장에서 구매하는 유료 서비스로 바뀌었다. 유료 서비스를 구매할 돈이 없는 이들은 더이상 떳떳하게 도움을 받을 수 없었다. 도움을 받으려면 살 수 없을 만큼 무자격하다는 걸 스스로 입증해야만 했다. 수모를 대가로 받는 복지수급, 수급 자격 심사 강화였다. 우리가 서로에게 의존한다는 감각, 즉 사회적 유대감이 근본에서부터 무너져갔다. 그렇게 각자도생의 무한경쟁 세상이 몇십년간 이어졌다. 그리고 이 날것대로의 욕망에 기댄 자본주의 체제는 부풀 대로 부풀다가 2008년 미국발 금융위기로 ── 프랑스의 석학 자크 아탈리 Jacques Attali의 표현을 빌리면 ── 하마터면 사라질 뻔한 위기를 겪었다. 계속 이렇게 살아도 좋은 걸까?

'사회적인 것'의 부상과 쇠퇴

사회 따위는 없고 오직 개인과 가족만 존재한다는 대처의 생각은 국가, 사회, 개인 간의 관계에 대한 하나의 신념을 대변한다.

실재하는 것은 오직 개인과 그의 가족일 뿐이며, 국가의 역할은 최소화되어야 하고, 사회 따위는 없다. 달리 표현하면 개인과 가족이 활동하는 경제 영역이야말로 우리 삶의 긍정적 본질인 반면, 강제력이 작동하는 정치라는 부정적 영역은 작을수록 좋고, 개인들이 자기 이익을 넘어 무언가를 '함께 도모한다'는 의미에서의 사회 같은 것은 환상일 뿐이라는 생각이다. 사람은 결국 제 이익을 추구하는 고독한 존재일 뿐이니, 세상에 믿을 건 자신과 가족뿐이라는 믿음이다.

'사회적인 것'the social이라는 아이디어는 바로 이런 각자도생주의에 맞서는 다양한 사조들이 생성되고 갈라지는 교집합이나 수원지 같은 어떤 것이다. '사회적인 것'을 뭐라고 정의할 수 있을까? 학자마다, 사상가마다 다 달라서 간단히 논하기 어렵다. 여기서는 가장 넓은 방식으로 정의하자. '사회적인 것'은 국가와 개인·가족 사이에 존재하는, 또는 '정치적인 것'과 '경제적인 것' 사이에 존재하는 제3의 영역이나 층위로서, 그 구성원들이 하나의 사회에 소속되어 서로 의존하고 있다는 개념이나 상상력의 집합체이면서, 동시에 그들이 상호작용하는 활동과 관계들의 총체이기도 하다. 그러니까 개념이고 상상력이면서 실재이자 현실이다.

'사회적인 것'이라는 말은 일상의 한국어에서는 너무 생경하다. 그러니 이제부터는 부정확함을 무릅쓰고 그냥 '사회'라고 부르기로 하자. 사회 속에서 사람들 사이에는 강제력이 작용하지 않으며, 경제적 손익은 관계의 기준이 되지 않는다. 그렇다면 공동체와는 어떻게 다를까? 사회는 공동체보다 훨씬 더 상상력에 의존한다. 대면적 관계를 기초로 하는 공동체와 달리, 하나의 사회에 소속되어 있다는 감각은 자연스럽게 발생하지 않는다. 사회의 출현 자체가 근대적인 미디어 및 공론장의 등장과 결부된 현상이다. 미디어와 공론장을 매개로 실제로 만날 일이 없는 익명의 인간들이 하나의 사회에 소속되어 있다는 감각을 공유하게 된다. 또한 사회는 구성원 사이의 원리적 평등을 전제로 한다. 전통적인 공동체가 법적이든 관습적이든 대개 불평등한 관계를 전제로 성립하는 것과 대조적이다. 물론 실제의 사회는 늘 불평등을 동반하기 마련이다. 원리와 실제의 간극 사이에서 사회의 모순과 갈등이, 예컨대 계급투쟁이나 젠더갈등이 생겨난다. 원리적으로 평등하다고 간주되기 때문에 일어나는 갈등인 셈이다.

사회에 대한 생각은 서구에서 초기 자본주의의 자유방임이 초래한 참상들에 대한 비판과 반성과 함께 부상했다. 그중 한갈래가 현실 사회주의로 귀결되었다면, 다른 한갈래는 흔히 복지국가라고 불리는 '사회국가'의 사상과 실천으로 모였다. 그 사이에 아나키즘, 생디칼리슴, 길드사회주의 같은 다양한 사상의 흐름, 실천의 스펙트럼이 존재한다. 현실 사회주의가 자체의 모순을 해결하지 못하고 붕괴되었다면, 사회국가의 이상은 2차대전 후 황금기를 맞고 꽃을 피웠다가 신자유주의의 반격 속에 후퇴해왔다.

그 후퇴의 원인을 여기서 깊게 따지기는 어렵다. 다만 두가지 점만 확인해두자. 첫째, 사회국가를 떠받친 핵심 세력인 노동계급이 분열됐다. 한편으로는 자본의 기획된 공격에 의해, 다른 한편으로는 중숙련 노동자에게 특히 큰 타격을 안긴 자동화에 의해 노동계급은 소수의 고임금 상층 노동자층과 다수의 미숙련 불안정 노동자층으로 균열되어가고 있다. 둘째, 노동계급의 약화와 관련된 현상이지만 복지국가의 재정위기가 만성화되었다. 복지국가는 고율의 근로소득세를 기꺼이 감당하는 안정되고 두터운 노동계급 없이 지속될 수 없다. 자본과 부유층에 대한 높은 한계세율 부과는 노동계급에 대한 상당한 과세와 양립하는 것이었다. 사회국가는 그런 계급 타협 위에 성립했다. 노동이 위기에 빠지자 자본이 양보할 이유가 없어졌다. 바로 그 시점에 등장한 인물이 대처였던 것이다.

사회를 복원하라

사회 따위란 없다던 신자유주의의 거침없던 흐름이 2008년 금융위기를 겪으면서 브레이크가 걸렸다. 월스트리트 한복판을 해방구로 만든 '점령하라!' 시위는 상징적이다. "사회를 복원하자"는 목소리가 조금씩 커지고 있다. 하지만 어떻게 복원할지 대안이 뚜렷한 건 아니다. 사회국가로의 회귀가 가능할까? 우선 자본의 강력한 저항에 부딪힐 것이다. 혹시 그 저항에 맞서 싸워 이긴다 하더라도, 무거운 세금을 감당해낼 두터운 노동계급이 없다. 그 답답한 틈 사이에서 심지어 파괴적인 우익 포퓰리즘이 분노한 노동자들의 목소리를 대변하곤 한다. '사회적인 것'의 사상가 칼 폴라니가 Karl Polanyi 『거대한 전환』(홍기빈 옮김, 길 2009)에서 통찰하듯 시장자유주의의 파괴적 운동에 맞선 사회의 자기보호 운동에는 사회주의와 뉴딜만이 아니라 파시즘도 존재했던 것이다. 사회를 복원하자는 목소리에 곧잘 스며들곤 하는 자기파괴 충동의 위험을 경계하지 않으면 안 된다.

과거와 같은 사회국가를 쉽사리 복원할 수 없는 한계 상황에 대한 돌파구로 사회적 경제에 대한 관심이 부상하고 있다. 사회적 경제란 이윤을 목표로 하지 않고, 사회 구성원 간의 호혜적 협력에 기반해서 공동의 목표를 달성하는 데 중점을 두는 경제활동 전반을 가리킨다. 협동조합, 사회적기업, 지역화폐 운동, 마이크로 금융 등 다양한 영역에서 활성화되어 있다. 한국은 일제강점기, 그리고 그후로도 오랫동안의 억압으로 인해 사회적 경제의 비중이 미약한 편이다. 2007년 '사회적기업 육성법'이 제정되고, 2012년 일반법으로 '협동조합 기본법'이 제정되면서 과거보다 많이 성장하고 있는 중이다. 21세기 들어 한국에서 사회적 경제에 대한 관심이 커진 데는, IMF 사태로 폭증한 실업자를 포함하여 갈수록 증가하는 사회복지 수요를 국가의 힘으로 다 감당하기 어려웠다는 사정이 있다. 나쁘게 말하면 국가의 입장에서 사회적 경제는 비용 절감을 위한 '복지의 외주화'라는 측면도 있다. 국가가 복지로 직접 책임져야 할 부분을 최저임금 수준의 보상에도 스스로 열심히 일하는 사회적 경제 조직에 대한 간접 지원으로 대신할 수 있기 때문이다. 시민사회에 창궐하는 각종 거버넌스 구축 논의, 그러니까 민관협력 구축 논의에 이런 '아웃소싱'의 위험이 있음을 무시하기 어렵다.

시장의 횡포에 맞서 사회를 복원하려면 국가의 비용 절감과 거버넌스 구축이라는 시야 너머로 나아가지 않을 수 없다. '사회적인 것'의 역사에서 사회주의와 사회국가의 흐름에 밀려 잊힌 '오래된 미래'에 다시 주목하게 되는 이유다. 아나키즘, 생디칼리슴, 길드사회주의, 또는 무어라고 불리건 간에 국가에 대해 자율적인 사회적 경제의 구축을 목표로 하는 흐름들이 새삼 재평가되고 있다. 모두 시장만큼이나 국가에 대해서도 문제의식을 제기한다는 점에서 공통적이다. 현실 사회주의는 생산수단의 국유화를 이행의 핵심으로 이해했고, 그 결과 사회주의 국가의 지배층인 소수의 노멘클라투라가 생산을 장악한 국가자본주의로 퇴화했다. 실제로는 소수가 복잡한 경제의 전체 흐름을 파악하고 조정할 수 없었기 때문에 갈수록 혼란이 심해졌다. 한편 사회국가는 국가가 주도하는 '재분배'를 핵심 수단으로 삼으면서 국가의 비대화, 관료화라는 흐름으로 귀결됐다. 국가를 매개로 형성된 거대한 복지동맹은 자신의 유지를 위한 비합리적 지대추구 행위자로 전락하곤 했다. 둘 다 참된 민주주의와는 적대적이다.

그렇다면 사회적 경제의 구축을 사회의 복원을 위한 중심 과제로 설정한다는 것은 어떤 상황을 말하는 것일까? 사회적 경제를 협동조합의 번성 정도로 생각하는 좁은 시야를 벗어나야 한다. 물질적 욕구를 충족하기 위한 우리의 활동 전반을 시장의 파괴적 논리로부터 보호하고 사회 구성원들 사이의 신뢰와 협력에 기반한 호혜적 활동으로 재구성하는 것이 관건이 된다. 미시적으로는 영리기업에 맞서 협동조합, 사회적기업 등 이윤 논리를 넘어설 수 있는 다양한 경제적 주체를 증식시키고, 거시적으로는 성장 지향적인 중앙집권국가의 폭력적 힘에 맞서 자치에 기반한 소규모 정치공동체의 힘을 키워나가는 것이 필요하다.

칼 폴라니가 「우리의 이론과 실천에 대한 몇가지 의견들」(『전세계적 자본주의인가 지역적 계획경제인가 외』, 홍기빈 옮김, 책세상 2015)에서 제안한 통찰을 빌려서 이런 세상을 잠시 스케치해보자. 그는 노동조합, 산업결사체, 협동조합, 사회주의적 지방자체단체 들에 기반한 민주적 사회주의경제를 꿈꿨다. 계획은 위나 외부에서 부과되는 것이 아니라 인간의 참된 욕구를 내적으로 조망할수 있도록 아래, 내부로부터 성립된다. 앞에서 열거한 여러 단위들이 바로 그런 내적 조망의 기관들이 된다. 예를 들어 노동조합은 노동자들의 시장임금을 협상하는 조직으로서만이 아니라, 노동자들이 수행한 노고를 평가할 수 있는 동료들 간의 협력의 기관이 되어야 한다. 생활협동조합은 조합원들이 필요로 하는 욕구와 물품들을 생산자조합에 전달하는 기관이 된다. 사회주의적지방자치체들은 지역에서 공적으로 소요되는 수요들을 민주주의적 자치의 원리에 의거해서 조달하게 된다. 모든 단위들에서아래로부터의 민주주의 원리가 가장 중요하다. 민주주의가 아니라면 사회도 없다.

여전히 추상적이다. 이런 추상적 원리만으로는 시회적 경제 주체들에서 발생하는 구체적이고 복잡한 문제들을 해결할 수 없다. 예를 들어 세계 최대의 협동조합인 스페인 몬드라곤의 최대 부문인 '파고르 가전'의 파산을 둘러싼 논쟁들이 그렇다. 끊임없이 팽창하면서 유럽 5위권의 가전업체로 성장한 파고르가 2013년에파산한 것은 큰 뉴스였다. 파고르와 몬드라곤에 대해서는 조합원노동자들의 자발적 협력에 기초한 '노동의 유연성'이 큰 강점으로 꼽혀왔지만, 파고르의 파산 과정에서 기존에 유연성이라고 알려졌던 많은 특징들이 실제로는 관리자의 시선에서 긍정적으로 평가되었다는 사실이 밝혀졌다. 몬드라곤에서조차 민주주의는 쉽지 않았던 것이다.

쉽고 낙관적인 전망으로 끝을 맺을 수 없어서 안타깝다. 거짓 희망보다는 정직한 실망이 우리를 나아가게 하리라 믿는다. 실망으로 끝낼 필요는 없다. 에른스트 블로흐가 알려준 것처럼 희망만이 실망할 수 있기 때문이다. 그래서 희망이라는 원리는 여전히 유효하다. 신발에 흙이 묻고 몸이 더러워지는 것, 실망하고 실패하는 것, 그것들 없이 우리는 구체적 현실로 나아갈 수 없다. 내적 조망들이 서로 부딪히고 삐걱대지 않으면 우리는 더 나은 구체적 조망을 얻을 수 없다. 아래로부터의 민주주의라는 원리는 여전히 추상적이지만, 오직 그 속에서만 서로 부딪히고 삐걱댈 수 있기에 더욱 소중하다. 그래서 민주주의인 것이다.

민중과 소수자 사이에서

교차성을 넘어

2016년의 일이었다. 교육부 고위공무원이 언론사 간부들과 식사 중에 "신분제를 공고히 해야 한다" "민중은 개·돼지다" 같은 말을 내뱉었다. 취재 자리가 아니었지만 발언 내용이 공직자로서 용납받기 어려운 수위라고 판단한 언론사가 보도를 했다. 큰 파문이 일었고 해당 공직자는 파면됐다. 이후 재판에서 파면은 과한 징계라는 판결을 받고 복직됐지만, 강등 처분은 피하지 못한 것으로 알려졌다.

"민중은 개·돼지"라는 표현은 참 선정적이다. 공직자가 아니라 누가 하더라도 옳지 못한 말이다. 그래서 많은 이들의 분노를 샀고, 징계까지 받았다. 하지만 이런 당위적 감각과 실제가 같지는 않다. 민중을 개·돼지라며 비난하는 이들이 드물지 않다. 정치

성향도 가리지 않는다. 보수 성향은 물론 민주진보를 자처하는 이들이 민중을 개·돼지라며 비하하는 걸 어렵지 않게 목격한다. 주로 자기가 지지하는 정당을 지지하지 않을 때 그렇게 부른다.

민중을 사랑하면서 동시에 경멸하는 이 이중적 감정은 그리 드물지도 않다. 민중은 우리가 헌신해야 할 궁극적인 대상으로 여겨지지만, 실제의 민중은 그리 아름답지 않다. 아니 종종 모순적이고 심지어 추해 보일 때조차 있다. "바람보다 더 빨리 눕고 바람보다 먼저 일어나는" 풀처럼 민중이라는 존재는 종잡기 어렵다. 그렇다고 해도 한때 민중에 헌신하겠다던 86세대의 중산층 엘리트가 보수정당 지지한다며 평생 손노동하며 살아온 민중을 개·돼지라고 욕하는 장면은 한없이 씁쓸하다. 물론 그저 환멸에 머물러서는 안 된다. 우리는 이렇게 질문해야 한다. 민중이란 어떤 존재인가? 그들은 계속 유효한 존재인가?

민중이란 말이 한국의 언중 사이에 주목받게 된 것은 1980년의 광주민중항쟁을 거친 이후였을 것이다. 광주의 비극을 통해 중산층 성향의 온건한 시민 주체성으로는 반동적인 폭압체제와 맞서 싸울 수 없다는 믿음이 강화됐다. 기층민적 성격이 한층 강조되는 민중이 앞장서서 더욱 평등한 민주주의 사회, 해방 세상을 건설해야 한다는 생각이 굳어졌다. 민중운동이 최고조에 달한 1980년대 후반 즈음에 민중은 '역사발전의 합법칙적 발전 방향을 선취하는 전위적 주체'로 인식되기도 했다. 맑스주의의 영향을 깊게 받던 시절의 흔적이다. 그때 민중은 남한에서는 사용할 수 없던 '인민'이라는 단어를 대신하는 혁명적 주체의 이름이기도 했다.

그렇다고 해서 민중이 맑스주의적 계급 연합이자 인민의 대체어였다고만 단정하기는 어렵다. 한국에서 민중이 사용된 맥락은 좀 더 복잡하다. 본질적으로 민중은 사회의 모순을 집중적으로 체현하고 있음과 동시에, 바로 그렇기 때문에 투쟁과 저항에 나서게 될 주체적 존재였다. 노동자, 농민, 도시빈민 같은 하층계급, 기층민적 존재들에 더해 때로 진보적인 대학생, 양심적인 중산층, 그리고 여성이나 장애인같이 모든 힘 약한 존재들이 민중의 범주에 포괄될 수 있다. 그래서 민중은 객관적인 계급적 모순에 근거한 집단임과 동시에, 스스로 힘 약한 이의 편에 서기로 결심한 이들을 포함하는 주관적 범주이기도 했다. 즉 민중은 유동적인 범주, 운동 속에서 생성 중인 범주였다. 민중을 맑스주의적인 계급론의 어법에 가둘 수 없는 이유다. 한국 민주화운동의 경험이 국제적으로 주목받게 되어 민중이 영어로 번역될 때 곧잘 people이 아니라 minjung이라고 번역되는 이유이기도 하다.

오늘날 한국은 선진자본주의의 일원이 되었다. 민중의 핵심이라고 할 노동계급은 갈수록 양극화되어 그 일부는 상위 중산층으로 편입되었다. 더불어 민중이란 말의 무게도 더없이 가벼워졌다. 차라리 엘리트의 경멸적 용법에서 더 자주 접할 수 있을 정도로 민중이란 말의 존엄함은 약화됐다. 그 와중에 사회경제적 양극화는 갈수록 심화되고 있다. 우리가 민중이라는 말, 그 존재와 가볍게 이별해도 좋은 것일까?

지배의 아이러니를 전유하는 민중

민중이 세상을 바꾸고 새로운 세상을 열어갈 희망의 주체라고 한다면, 그 이유는 그들이 단지 억압받는 존재이기 때문만은 아니다. 민중이야말로 지배체제에 완전히 포섭되지 않는 자율적인 존재라는 생각이 민중에 대한 믿음의 원천이 된다. 대학생, 중산층 같은 이들은 그 사회경제적 지위로 인해 곧잘 지배체제로 포섭되기 쉽다. 하지만 민중은 그렇지 않다. 그들의 이해관계는 지배체제와 근본적으로 충돌한다. 나아가 자신들만의 자율적인 세계를 구축하고 있어서 저항의 원천이 되고, 새로운 세상의 씨앗이 될 수 있다. 그렇게 믿고 싶다. 하지만 과연 그럴까? 민중처럼 약한 존재가 어떻게 막강한 지배체제에 완전히 포섭되지 않을 수 있을까? 앞에서 언급했던 것처럼 민중이야말로 곧잘 지배 이데올로기에 포섭되어 순응하는 것이 사실이지 않은가?

어느 쪽이 진실에 가까울까? 민중은 일견 지배 이데올로기에 포섭되는 존재처럼 보이지만, 그렇게 포획되는 중에 오히려 지배 이데올로기를 비틀고 전복하는 역설적 가능성을 품고 있다는 관점이 있다. 일본의 역사학자 야스마루 요시오安丸良夫는 『일본의 근대화와 민중사상』(이희복 옮김, 논형 2021)에서 영주와 관리 등 지배체제에 맞서던 농민의 봉기, 즉 백성잇키百姓一揆의 사상적 원천이 어디서 비롯되었는지 찾는다. 놀랍게도 그것은 지배 이데올로기인 유교도덕이 민중의 세계로 하강하며 생성된 민중의 '통속도덕'이었다. 유교의 가르침이 민중의 생활철학이 되면서 인자한 정치, 즉 인정仁政을 올바른 것이라고 믿게 되었고, 그 믿음이 지배자의 폭정과 착취에 맞서 싸우는 사상적 기반이 되었다는 것이다.

민중의 저항의 원천이 지배체제, 그 이데올로기의 통속화·세속화 과정에서 발생하는 민중에 의한 전유에 있다는 주장이 매우 흥미롭다. 『이데올로기의 숭고한 대상』(이수련 옮김, 새물결 2013)에서 슬라보예 지젝Slavoj Žižek이 지적하듯, 지배 이데올로기는 피지배자가 액면 그대로 그것을 믿을 때는 오히려 지배에 위협이 될 수 있다. 인자한 정치를 곧이곧대로 믿으면 곤란하다는 말이다. 만주사변을 일으킨 주역이자 우익의 영웅이던 이시와라 간지石原莞爾는 일본제국주의의 침략 이데올로기인 대동아공영권론을 문자 그대로 믿은 확신범이었다. 그래서 아시아 각국이 연대하는 동아연맹체 구상을 진지하게 주장했고, 중일전쟁의 발발과 확전을 줄곧 반대하다가 숙청됐다. 아이러니한 운명이다.

지젝이 말하는 것처럼 지배 이데올로기는 피지배자가 액면 그대로의 진실이 아닌 줄 알면서도 그것이 가르치는 대로 행동할 때 비로소 제대로 작동한다. 피지배자가 이데올로기에 대해 동일시하되 조금은 거리를 두고 냉소해야 하는 이유다. 이런 전략이 늘 성공하기는 어렵다. 믿으라고 요구하면서도 다 믿지는 말라고 한다면 뒤틀림이 일어나기 마련이다. 박정희의 "잘 살아보세"를 진지하게 믿으며 위장폐업에 맞서 싸움에 나섰던 1979년의 YH무역 여공들이 유신체제의 사망선고를 앞당겼다.

인도의 탈식민주의 연구자 호미 바바Homi Bhabha는 『문화의 위치』(나병철 옮김, 소명출판 2012)에서 식민지배자의 문화, 이데올로기에 대한 식민지인의 흉내내기, 모방이 초래하는 식민지배자의 불안과 자기 균열이라는 주제를 집중 탐색한다. 식민지인이 식민지배자를 흉내내는 것은 기본적으로 식민지배자의 우월함을 인정하고 지배를 받아들이는 행위다. 하지만 식민지인의 모방이 양자의 차이를 없앨 정도로 충실해질 때 불안해지는 이는 오히려 식민주의자 쪽이다. 예를 들어 시중을 드는 인도인 하인의 영어 발음이 영국인과 구별할 수 없을 정도로 닮게 될 때 영국인 지배자 '나리'들은 불편하고 불안해진다. 구별은 차별의 전제조건이기 때문이다. 모방하되 구별될 정도로만 모방하라는 모순된 요구가 식민주의의 지배전략을 곳곳에서 뒤틀리게 한다. 그런 만큼 식민지인의 적극적인 모방은 지배자의 것을 전유하는 적극적 행위 전략으로 재평가된다. 식민지배자와 식민지인을 지배자와 피지배자로 바꾸면 제국-식민지 관계를 넘어 충분히 일반화될 수 있는 논리다.

그렇다면 이제 민중이 지배자의 이데올로기에 포섭되었다며 너무 걱정할 필요가 없겠다. 민중은 지배자의 이데올로기에 동화되지만, 바로 그 과정에서 지배의 빈틈을 찾아내고 균열을 일으킬 것이다. 그럴듯한 낙관론이다. 있는 그대로 믿고 싶어진다. 그런데 이걸 과연 민중의 '자율성'이라고 볼 수 있을까? 자율성이나 독자성이라기보다는 차라리 지배의 자기모순이나 아이러니라고 불러야 하지 않을까? 강고해 보이는 지배권력에도 균열이 생기고 그 이데올로기가 민중에게 전유될 수 있다는 발견은 가치 있지만, 그것을 민중의 자율성이라고 보기는 어렵다. 게다가 이 전유를 통해 지배를 비틀고 불안하게 하는 것 이상의 어떤 '새로운' 것이 나올 수 있을지 불분명하다.

재일 역사학자인 조경달은 "통속적이고 전근대적인 도덕처럼 보이는 것이 어떤 역사적 단계에서는 새로운 '생산 능력'이 된다"는 야스마루의 주장을 비판하면서, 처음부터 통속도덕과는 무관한 민중이야말로 변혁 에너지의 가능성을 지니고 있다고 주장한다. 동학을 연구한 그의 『이단의 민중반란』(박맹수 옮김, 역사비평사 2008)에 따르면, 정통 주자학에 대한 '이단'으로 성립한 동학이 탄압을 피하기 위해 체제내화되고 있을 때, 민중이 동학 내부의 이단적 측면을 통해 스스로를 변혁적 주체로 만들어낸 결과가 바로 갑오농민전쟁이다. 통속도덕의 내면화로부터 벗어나 있는 민중이라는 자율적 집단을 상정하는 것, 지배의 균열 논리를 넘어서는 적극적인 민중 해석이다.

제2의 세계를 지켜내는 민중

세계가 지배자에게 속하는 영역과 피지배자에게 속하는 영역으로 나뉘어져 있다는 이원론적 믿음에는 나름의 역사가 있다. 1970년대 이래의 미시사, 신문화사 연구의 흐름을 개척한 이탈리아 역사학자 카를로 긴츠부르그 Carlo Ginzburg 는 곧잘 마녀로 오인되고 탄압받던 존재였던 베난단티 여성의 주술 의례와 마녀재판에 대한 연구, 그리고 시골 방앗간 주인 메노키오의 독특한 성서 해석을 둘러싼 이단재판에 대한 흥미로운 연구 등으로 큰 영향을 미쳤다. 그리스도교가 지배하던 세상에서도 고대 이래 민중의 자율적인 믿음과 문화가 의연히 전승되고 있었음을 밝혔다. 서구 중세와 르네상스 시기의 민중문화를 해부한 미하일 바흐친Mikhail Bakhtin의 공헌 또한 놓칠 수 없다. 대작 『프랑수아 라블레의 작품과 중세 및 르네상스의 민중문화』(이덕형·최건형 옮김, 아카넷 2001)에서는 민중의 카니발 축제를 상세히 분석한다. 그리고 그리스도교 신앙으로 흡수되지 않은 민중의 자율적이고 전복적인 '제2의 세계'가 펼쳐진다.

강고한 지배체제 바깥에 그 손길이 닿지 않는 민중의 자율세계가 존재하고 지속한다는 믿음은 매력적이다. 심지어 그리스도교가 유일 지배체제를 완성했던 저 긴긴 시간 동안에도 민중의 독자적 가치관과 관습은 면면히 이어졌다는 말이니. 하지만 이런 이원론은 또 얼마나 현실적일까? 지배 구조나 시스템에 균열이나 틈 정도가 존재하는 게 아니라, 수백년 이상 완강히 지속될 정도로 방대한 외부가 존재한다는 주장은 설득력이 있을까? 만약 그런 지배의 외부가 실제로 존재하는데 지배도 여전히 작동하고 있다면, 자율세계처럼 보이는 그 외부는 사실 지배가 허용한 '의례화된 반란'의 영역일 수도 있지 않을까? 금지구역이 실은 체제에 의해 암묵적으로 허가된 구역이라면 그것을 진정으로 자율적인 공간으로 볼 수 있을까? 주기적으로 반란과 리부팅이 진행되는 네오와 매트릭스의 세계가 그렇듯이. 한때 그토록 강렬하게 기성질서에 저항하는 것처럼 보이던 로큰롤과 펑크가 반란의 메시지는 고스란히 간직한 채 인기 있는 문화상품으로 체제내화되고, 어느 사이엔가 추억의 복고상품이 되고 있듯이.

다른 문제도 있다. 이런 이원론적 세계관에서는 구조로부터 벗어난 존재로서의 민중이 실체화, 특권화된다는 것이다. 여기서 민중이라는 주체적 존재는 어떤 역사적 계기나 투쟁을 통해서 생성되는 것이 아니라, 처음부터 지배로부터 벗어나 있는 것으로 가정된다. 또 외부성에 근거해서 변혁 에너지가 있다고 전제되기도 한다. 실체화된 특권적 존재다. 특정한 존재는 항상 특정한 사회관계 속에서, 특정한 사회적 상호작용으로부터 주체로 형성된다고 보는 게 옳다면, 이런 형이상학적 주장을 받아들이기는 어렵다.

이것저것 주워서 무언가를 만들어내는 민중

이제 우리는 빠져나오기 어려운 딜레마에 맞닥뜨리게 된다. 민중의 자율성의 원천을 지배의 아이러니에 기반한 전유로 보기도 어렵고, 지배와는 별개로 존재하는 독자적 세계에서 찾을 수도 없다. 일원론도 이원론도 결국 자기부정에 이른다. 물론 실제의 세계는 이런 단순한 이분법보다 훨씬 복잡하고 풍요로울 것이다. 이 이분법은 그저 그 놀라운 풍요로움에 다가가기 위한 불편한, 어쩌면 불가피한 절차일 뿐이다.

그렇다면 이 절차를 지나서 이르게 되는 실제의 세계는 어떤 모습일까? 상상해보자. 실제의 세계가 한쪽에 지배체제가 있고, 다른 한쪽에 민중의 자율세계가 있는 방식으로 존재하지는 않을 것이다. 실제의 세계는 한쪽이 다른 한쪽에 선행하고 규정하는 것이 아니라 양자가 동시에 존재하면서 상호작용하고 상호규정하는 방식으로 존재할 수밖에 없다. 즉 양자는 순환적일 수밖에 없다. 얼핏 지배체제, 지배 이데올로기, 그리고 통속도덕 같은 것이 별도로 먼저 존재하고 그것을 민중이 수용하고 전유하는 것처럼 보이지만, 사실 그 지배 이데올로기는 민중이 이미 공유하고 있던 어떤 것을 권력이 지배 이데올로기화한 것이라고 볼 수 있다. 지배의 이념은 지배의 사실들로부터 출발할 수밖에 없고, 그 사실들은 민중의 삶에서 연원하기 때문이다. 자기 삶의 사실들, 그 염원이 투영된 지배 이데올로기를 민중이 곧이곧대로 믿는 행위가 체제에 대해 불온해지는 이유다. 그렇다면 민중은 자신에게서 나온 것을 자신의 방식대로 다시 찾아온다고 말할 수도 있을 것이다. 민중의 자율세계는 지배체제가 허용한 의례화된 반란구역일 수 있지만, 그 허용은 민중에 의해 강요된 것이라고 볼 수도 있는 것이다.

한국 현대사에서 두 민중항쟁의 사례를 통해 좀더 구체적으로 생각해보자. 1960년 4·19혁명 때 거리에 나선 민중은 함께 노래를 불렀다. 싸우는 군중을 심리적으로 결속하는 노래의 힘은 거대한 것이다. 사람들은 '해방가'나 '광복의 노래'를 불렀지만, '전우가'나 '6·25의 노래'도 불렀다. 그들이 타도하고자 한 이승만 독재정권이 만든 군가로 정권 타도의 결의를 다졌다. 이것저것 입에 익고 쉬운 노래를 불렀던 것이다. 1980년의 5·18광주민중항쟁에서 총을 쥔 민중은 혹시라도 자신들이 빨갱이로 몰릴까봐 두려워했고, 북한의 간첩 침투를 막겠다며 선제적으로 도청에 조사과를 설치하기도 했다. 그들은 투쟁의 정당성을 지배자의 반공 이데올로기에서 찾았다. 4·19에서도, 5·18에서도 민중의 투쟁은 지배 이데올로기 바깥에서라기보다는 바로 그 안에서 연원하고 있었다.

이 사례들은 민중의 투쟁에서 민중에 의한 지배 이데올로기의 전유라는 측면을 보여주는 것 같다. 그렇다면 지배가 정해놓은 범위, 한계를 넘어서지 못하는 사례로 해석할 수도 있다. 하지만 그들이 부른 군가들, 간첩에 대한 그들의 공포는 평화와 자유에 대한 민중의 염원이 지배체제에 투사된 결과라고 간주할 수도 있다. 이렇게 본다면 민중은 결국 자신에게서 나와 권력에 의해 전유된 것을 다시 전유한 것이다. 민중의 전유가 늘 '재전유'인 이유다. 또한 거기서 머물지 않고, 다른 곳으로 향하거나 한걸음 더 나아가기도 한다.

이런 민중의 모습에서 나는 브리콜뢰르bricoleur라는 단어를

떠올리곤 한다. 인류학자 클로드 레비스트로스Claude Lévi-Strauss
가 『야생의 사고』(안정남 옮김, 한길사 1996)에서 제시했고 질 들뢰
즈Gilles Deleuze가 주목했던 주체성이다. 브리콜뢰르란 브리콜레
bricoler하는 사람, 즉 이것저것 잡동사니를 주워서 무언가를 만드
는 이를 가리킨다. 손재주꾼 같은 뉘앙스인데, 그보다 더 상황 의
존적이고 우발적이다. 엔지니어에겐 설계도가 있지만, 브리콜뢰
르에겐 대강의 생각이 있다. 엔지니어는 목적을 위해 수단을 만
들어내지만, 브리콜뢰르는 주어진 한정된 자원 안에서 이것저것
모아낸다. 엔지니어는 주어진 목적에 맞게 결과물을 생산해내지
만, 브리콜뢰르는 이것저것 만들다가 무언가 목적으로부터 벗어
난 새로운 것을 창조해낸다. 요컨대 브리콜뢰르는 주어진 구조
로부터 '사건'을 만든다.

엔지니어는 상상도 하지 못할 용법을 창안해내는 일종의 '발
명의 민중화'를 철학자 이반 일리치Ivan Illich는 '고유하고' '토착적
인'vernacular 활동이라는 관점에서 주목한 바 있다. 관료주의로서
는 예측할 수도 없고 위계질서로 통제할 수도 없는, 특정 공동체
가 공유한 가치들을 중심으로 펼쳐지는 창조적인 활동들을 뜻한
다. 민중의 도덕경제 관념에 주목한 인류학자 제임스 스콧James
Scott 또한 실행지metis라는 이름으로 현장성에 기반을 둔 임기응
변적인 기술, 능력의 중요성을 주목한 바 있다. 모두 브리콜뢰르

와 비슷한 문제의식에서 나온 발상들이다.

지배계급, 지배 엘리트가 지배라는 단일한 목적을 위해 — 그 중 상당 부분은 민중에게서 연원하였을 — 다양한 테크놀로지를 활용하는 엔지니어 같은 존재라면, 또 1980년대 후반에 이해된 민중이 역사발전의 합법칙적 발전 방향을 선취한 채 구조의 모순과 전면적으로 투쟁하는 전위적 주체였다면, 브리콜뢰르 같은 민중은 구조의 속박 아래 살다가도 어느 순간 자신에게서 연원하였을 지배의 사실들을 이리저리 모으고 비틀면서 새로운 사건을 만들어낼 수 있는 역동적인 존재다. 민중은 전위도, 개·돼지도 아니다. 아니, 그 모두다. 이것저것 모두 모아 새로운 사건을 만들어내는 존재다.

민중과 소수자의 만남: 교차성이라는 만능 해답을 넘어서

오늘날 민중이 여전히 유효한 범주인지 의문스러워진 데는 민중의 분화와 엘리트에 의한 경멸 같은 상황과는 구별되는 또다른 맥락이 존재한다. '소수자 정치' '정체성의 정치' '인정의 정치' '차이의 정치'처럼 여러 표현으로 불리는 새로운 움직임의 부상이 그것이다. 민중이 계급 불평등을 중심으로 형성되는 범주라면, 소수자는 정체성의 인정과 부인을 둘러싸고 형성되는 범주라고 할 수 있다. 젠더, 섹슈얼리티, 국적, 인종, 장애 등 삶의 여러 측면에서 소수자의 처지에 선 이들이 겪는 다양한 차별 경험을 정치에 어떻게 투영할 것인가? 억압받는 기층민 사이의 동질성이 강조되는 민중이라는 범주로는 포괄하기 어려운 질문이다.

'정체성 정치'의 서사에 따르면, 계급 불평등에만 주목하는 기존 진보정치의 시각은 본질적으로 다수자의 관점에 서 있다. 즉 백인-남성-비장애-노동계급을 규범적 정상 집단으로 설정하고, 다양한 소수자 집단의 경험과 정체성을 그에 입각해서 일방적으로 재단한다. 기존의 진보정치와 사회운동도 소수자에 대해서는 또다른 억압이 되고 있다는 비판이다. 이런 인식 위에서 다양한 페미니즘 운동, 성소수자들의 퀴어 정치학, 반인종차별 운동 등이 성장했다.

주지하다시피 최근의 한국에서도 이러한 경향이 뚜렷이 나타나고 있다. 2010년대 중후반의 '리부트'를 거치며 페미니즘은 한국 정치의 가장 뜨거운 균열을 보여주는 언어 중 하나가 되었다. 또 '20대 남자 보수화' 같은 백래시, 반발 현상이 새로운 정치적 갈등의 연료를 제공하고 있다. 차별금지법 제정을 둘러싼 성소수자 운동의 성장, 장애인차별 철폐운동의 격렬함, 이주민 운동의 가시화 등 새로운 흐름들의 부상이 분명하다. 모두 이전의 민중이라는 범주로는 접근하기 어려운 현상들이다.

이 새로운 흐름에서 강조되는 것은 다양한 정체성들이 지닌 차이에 대한 '인정'이다. 차이를 부인하고 차별을 행사하는 다수자 권력에 맞서는 것이 우리의 과제가 된다. 권력에 맞서려면 소수자들 사이의 연대가 중요해진다. 그때 소수자들 사이의 차이는 어떻게 이해해야 할까? 동질성이 강조되는 민중과는 달리, 소수자라는 범주에서는 서로의 차이에 대한 존중이 관건이 된다. 말은 쉽지만 쉬운 일이 아니다. 몇년 전 숙명여대에 합격한 트랜스젠더 여성에 대해 일부 재학생과 대학가 페미니즘 단체들이 입학을 반대하면서 화제가 된 적이 있다. 물론 또다른 숙명여대 동문 수백명은 입학 환영 성명을 내기도 했다. 당사자가 입학을 포기하면서 일단락되었지만 갈등이 해결된 것은 아니다. 여성, 성소수자, 이주민, 장애인, 그리고 그들 모두이기도 한 노동자가 어떻게 서로의 차이를 존중하고 연대할 수 있을지 불투명하다.

이런 궁지를 벗어날 탈출구로 미국의 흑인 페미니즘에서 발전한 '교차성'이라는 개념이 주목받아왔다. 흑인 여성은 흑인이자 여성으로서 이중의 차별을 경험한다. 백인 여성의 경험에 입각한 젠더 정치학이나 흑인 남성의 경험에 입각한 인종 정치학으로는 그들의 경험을 언어화할 수 없다. 단일 정체성에 입각한 정체성의 정치를 넘어서야 한다. 그들이 겪는 차별의 경험을 인종과 젠더의 교차로에서 재구성하고 비판의 지점을 확보해야 한다. 이제 교차성 개념은 무한히 확장될 수 있다. 젠더와 인종은 물론,

계급·계층, 섹슈얼리티, 장애, 연령, 종교, 국적, 출신 지역 등 억압과 차별이 작동되는 모든 메커니즘들은 교차적으로 분석되고 비판되어야 한다. 억압과 차별의 메커니즘은 서로 연결되고 상호의존하면서 지배질서를 합리화하고 재생산하기 때문이다.

미국의 사회운동가 일라이 클레어Eli Clare는 교차성 이론을 온몸으로 체현하고 실천해온 도드라진 인물이다. 그/녀는 중증 장애인이면서 남성/여성의 이분법을 거부하는 젠더퀴어라는 정체성을 갖고 있다. 친족 성폭력 생존자이기도 하다. 그녀는 자신의 여러 정체성이 교차하는 모든 곳에서 싸운다. 그래서 장애·환경·퀴어 운동을 하는 페미니스트이자 노동운동가이며 사회주의자가 되었다. 삶 자체가 교차성의 본보기다.

동시에 그녀는 정체성을 교차한다는 것이 실제로는 얼마나 어려운 일인지도 보여준다. 『망명과 자긍심』(전혜은·제이 옮김, 현실문화 2020)에서 고백하는 그녀의 경험에 귀를 기울여보자. 그/녀는 가난과 무지, 소수자 혐오의 대명사인 백인 남성 레드넥redneck 사이에서 성폭행당하며 자랐다. 거기서 탈출해 대학을 나오고 진보활동가가 됐다. 고학력 중산층 출신의 진보적인 환경운동가, 퀴어활동가인 그녀의 동료들이 시골의 노동계급 레드넥을 돌대가리나 꼰대로 묘사하며 경멸할 때면 클레어는 땡볕 아래서 그을린 그들의 붉은 목을, 그 가난한 노동을 떠올리게 된다.

교차성 이론이 대세가 된 시대라지만, 일라이 클레어처럼 노동운동, 사회주의 운동과 적극적으로 접속하려는 움직임은 흔하지 않다. 교차성 접근에서 계급 불평등과 자본주의의 착취라는 문제 설정은 곧잘 간과되거나, 이런저런 정체성들이 품은 여러 문제들 중 하나로 간주되곤 한다. 물론 예전처럼 계급 불평등이야말로 근본모순이라며 다른 차별에 항상 앞세울 수는 없다. 하지만 계급 불평등이 그저 이런저런 차별 경험 중 하나에 불과하다고 말할 수는 더욱 없다. 계급 불평등이라는 문제를 직시하지 않는 정체성의 정치는 의도와는 무관하게 자본주의의 다양성을 증식시키는 세련된 액세서리로 전락할 수도 있기 때문이다. 예컨대 현대의 미국 빅테크 기업들에서 이런저런 소수자성은 채용과 승진에서 오히려 가산점이 되곤 한다. 다양성의 가치로 빛나는 이 '진보적' 기업들이 세계인이 생산한 디지털 자산을 독점하고 막대한 초과이윤을 누린다. 다양성은 평면적일 수 없다. 수직의 깊이와, 그 폭력성과 대면해야 한다.

계급 불평등과 교차성 접근이 서로 만나지 않고서는 갈수록 양극화가 심각해지고 있는 지금의 상황을 극복하기 어렵다. 민중과 소수자가 서로 만나고 연대해야 한다는 말이다. 생각해보면 민중과 소수자가 어찌 다른 존재일까? 그들은 서로 겹치고 또 갈라진다. 내 안에서도 두 속성이 서로 길항하고 연합한다. 그 차이

를 보존하되, 서로 악수하고 껴안을 길을 찾아보자. 역사의 전위
가 제시할 만한 멋진 미래의 설계도 따위는 없지만, 이것저것 끌
어모아 새 길을 모색해보자.

나는 글을 쓸 때만 정의롭다

초판 1쇄 발행 / 2022년 8월 19일

지은이 / 조형근
펴낸이 / 강일우
책임편집 / 박주용 홍지연
조판 / 황숙화
펴낸곳 / (주)창비
등록 / 1986년 8월 5일 제85호
주소 / 10881 경기도 파주시 회동길 184
전화 / 031-955-3333
팩시밀리 / 영업 031-955-3399 편집 031-955-3400
홈페이지 / www.changbi.com
전자우편 / nonfic@changbi.com

ⓒ 조형근 2022
ISBN 978-89-364-8684-6 03300